行且思，且悟且进

广东省凌琳名教师工作室
小学语文教学与研究

凌琳 主编

中国出版集团　现代出版社

图书在版编目（CIP）数据

且行且思，且悟且进：广东省凌琳名教师工作室小学语文教学与研究 / 凌琳主编. —北京：现代出版社，2020.9

ISBN 978-7-5143-8881-7

Ⅰ.①且… Ⅱ.①凌… Ⅲ.①小学语文课—教学研究 Ⅳ.①G623.202

中国版本图书馆CIP数据核字（2020）第184618号

且行且思，且悟且进：广东省凌琳名教师工作室小学语文教学与研究

作　　者	凌　琳
责任编辑	张桂玲
出版发行	现代出版社
地　　址	北京市安定门外安华里504号
邮政编码	100011
电　　话	010-64267325　64245264
网　　址	www.1980xd.com
电子邮箱	xiandai@cnpitc.com.cn
印　　制	北京政采印刷服务有限公司
开　　本	710mm×1000mm　1/16
印　　张	11
字　　数	198千
版　　次	2022年6月第1版　2022年6月第1次印刷
书　　号	ISBN 978-7-5143-8881-7
定　　价	45.00元

目录

上篇　活动纪实

中篇　教学设计与反思

下 篇　教学研究

上篇

活动纪实

　　相识是缘分，相知是幸运，相伴是幸福。

　　广东省凌琳名教师工作室在2018年金秋迎来了工作室第三批省级学员和第二批区级学员。

　　在这个平台上相遇，无论是年轻有为的一线老师，还是阅历丰富的领导，都会成为最知心的朋友，一起学习多元的课程，一起探讨遇到的教学疑惑，一起分享教学研究成果。学习、交流、合作、研讨……思想的碰撞让大家如同勤勉的蜜蜂，采集着知识的花粉，酝酿着最甜的收获。

　　因为相遇，所以精彩。

在学习中进取

一、梦想从这里起航

在这个稻花飘香的丰收季节，我们相聚于肇庆市端城小学广东省凌琳名教师工作室。11月12日早上，凌老师和助手陈彬老师给学员们解读了本次跟岗学习的内容。

下午，广东省凌琳名教师工作室2018年学员跟岗开班仪式开始了！首先由凌老师发言，她给学员们介绍了工作室成立的时间，确定了今后的工作重心，并就完成工作室研究项目和个人专业化成长方面制定周期发展目标，把培养教师的学习和研究能力作为名师工作的重点来抓，促使语文教师逐步向学习型、研究型、专家型教师迈进。

随后，省级学员莫通跃老师和区级学员潘炜嫦老师代表发言，两位老师分享了各自工作中难忘的经历，并明确了今后的奋斗目标，为其他学员加油鼓劲！

图1　凌琳名教师工作室第一期学员跟岗开班仪式

本次活动得到了相关领导的重视和大力支持。端州区教育局副局长梁坤洪，肇庆市教师进修学校校长冼铁汉及端州区教育局教研室小语教研员、工作室教研员杨晓红先后讲话，勉励学员迅速融入学习，通过切磋、实践、分享、交流，获得提升和进步！

（黄 烨）

二、团队活动

（一）第27届现代与经典全国小学作文教学观摩研讨会

11月10日至11日，我们工作室全体成员在主持人凌琳老师的带领下，来到"南国之都"深圳，参加第27届现代与经典全国小学作文教学观摩研讨会。本次活动贴近童心，展现童真，激发童趣，让我们学会慢下来，静待花开。

（黎洁容 伍慧媚）

图2 参加第27届现代与经典全国小学作文教学观摩研讨会的教师合影留念

（二）校际交流（同一颗心同一首歌，爱岗敬业心系教育）

11月14日，我们到肇庆鼎湖逸夫小学联合教研。上午，我们观看了三节全国第三届小学语文教学观摩大赛（兰州）的优质示范课。

来自广东东莞的刘艳老师在"虫子"的世界里美美地走了一趟。新奇又有层次的识字教学，更添几分童趣，润物细无声。

图3　广东省凌琳名教师工作室与陈月容名教师工作室联合教研时合影留念

李文斌老师的课例《短诗三首》让人如痴如醉，短短的40分钟，丰富的音视频资料、巧妙绝伦的教学设计、精妙善导的语言、深厚的语文功底，让学生深刻地体验了诗歌的意境，并在朗读中读出了节奏，读出了韵味，读懂了作者，读出了诗歌的美，更读到了自己。同时也把我们带进了一个美好的境界，享受了一节诗歌大餐。

于松建老师的课例《在柏林》，设计触动人心的情境，联系《桥》温故而知新。

下午，凌琳老师《新教材·新理论·新方法》的讲座十分精彩，并与我们一起分享了全国第三届小学语文教学观摩大赛的感受。

（莫通跃）

图4　凌琳老师举办《新教材·新理论·新方法》的讲座

（三）读书沙龙——书香润生命 分享促成长

冬日的阳光像一首温情的小诗，让人温暖舒适。11月26日，阳光温柔地洒落在整洁美丽的端城小学。广东省凌琳名教师工作室在这里开展了精彩纷呈的读书分享活动。

工作室13名学员以自己独特的方法和风格，依次分享了自己的读书心得。这次分享的书目很丰富：有专业书籍，如《班主任的兵法》《写给老师的101条建议》《名师备课新思维》；有儿童作品，如《孩子们的诗》《爱的教育》；有小说，如《挪威的森林》《平凡的世界》；还有其他类别，如《扫除道》《中国哲学简史》，等等。

学员分享的主要形式有介绍书目信息、书籍的主要内容、经典片段的赏析、看书的角度、看书的方式（围桌聊书）、读书的感受、经典句子摘抄等。

凌琳老师在每一个学员分享之后马上进行了精准、精彩的点评，让每一个学员听了都心生佩服。当13位学员分享完毕后，凌琳老师做总结性发言。凌琳老师首先总述了所有学员读书分享的共性，充分肯定了学员们的优点；然后进一步指出读书更要与作者对话、与文本对话，读出自己的思考；最后建议学员们读书要放开来读，什么类型的书都要读，才能积蓄丰富的底蕴，这一点对于语文老师来说尤为重要。

图5 凌琳老师举办读书分享会

这次读书分享会，使我们感受到读书的幸福。凌琳老师幽默地说："13位学员分享了13本书，就等于一天看了13本书，我太幸福了。"我们全体学员也共享到这种幸福，而凌琳老师的点评和总结充满睿智，让学员们得以成长，更是一种无以言表的幸福！

（苏 伟）

在借鉴中内化

一、让教育与生命同行

本年度，广东省凌琳名教师工作室举办了三期研修活动，跨越了两个省份、四个市县区。一路走来，我们看见了不一样的风景；一路走来，我们学会了诸多的新知识；一路走来，我们多了朋友的陪伴；一路走来，我们遇见了一个全新的自己……

二、学在端州

（一）校园花色浓，书香醉人美

2019年5月26日下午，广东省凌琳名教师工作室的所有学员又一次相聚在端城小学，第一个学习任务就是读书分享。

图1　俞春梅老师读书分享《苏东坡传》

通过分享，可以发现老师们的阅读面非常广，分享的书目种类繁多，既有教育类书籍，也有文学类书籍，如小说散文、诗歌集、传记，更有长篇编年体史书《资治通鉴》。

凌琳老师为这次的读书分享做了总结：阅读是美妙的，分享是快乐的。

统编版教材有一个明显的特点：强调基于文本的拓展，要求学生进行大量的、有一定深度的阅读拓展，这也是对我们教师新的要求。一位优秀的教师，一定是一位文化底蕴深厚的教师；一位文化底蕴深厚的教师，一定是一位富有人文修养的教师。教师只有养成良好的读书习惯，熟读古今中外的名著，博览群书，便是达到一个人内心智慧和深刻思想的捷径，从而提升自己生命的亮度，拓展自己生命的宽度，延伸自己生命的长度，进而修得一种卓然不群、宠辱不惊的人生态度和精神境界。我们只有终身学习，才能成为一名真正"腹有诗书气自华"的教师，才会更加享受教育的幸福。

（莫通跃）

图2 黄烨老师读书分享《静观人生》

（二）共研课，同提升

2019年5月27日，我们进行"共研一课"活动，本次研课的主题是"习作"，内容均为统编版教材的习作教学。早上，凌琳老师给学员分组，分配研课任务，并提出了研课要求。从备课小组的分组安排中我们就感受到了凌琳老师的良苦用心。她把来自端州、封开、德庆三地的学员分别分到5个备课小组中，每三人为一组，旨在让来自三地的学员能在小组里促进交流，取长补短，共同进步。

（谢德勇）

图3　凌琳老师举办的"共研一课"活动

（三）高手云集尽展风采，灵巧课堂精彩绽放

2019年5月28日至29日上午，我们全体学员非常荣幸地参加了端州区小学语文教研会30周年经典课例展示活动。这是一场盛况空前、群英会聚的教学盛会！

叶凤英老师的《上天的蚂蚁》、凌琳老师的《自己的花是让别人看的》、连剑宇老师的《临死前的严监生》、罗俏仪老师的《桃花心木》、刘浩宁老师的《可爱的草塘》、陈碧灵老师的口语交际课"童说童话"，名师们为我们展示了6个经典课例，听完他们的课后，我们无不被他们的教学魅力所折服！杨晓红老师在经典课例展示后，对这次活动进行点评。在点评中，杨老师提出了六大关注：关注年段目标，在课堂中落实；关注文体，抓住文体特点教学，突出重点；关注课型特点，阅读课重方法，口语交际课重交际技巧，落实语言和思维训练；关注课堂教学艺术的锤炼，着眼于学生的习惯养成、可持续发展和课堂生成；关注在生活和实践中学习语文；关注新理念的渗透和融合。这一个个"关注"不仅点评出了课例的精彩之处，更是指引了老师们平日的教学方向，让语文教学落到实处。

（黄　烨）

5月28日下午，在奥威斯小学新华校区礼堂，值此肇庆市端州区小学语文教研会成立30周年课例展示活动之际，有幸和端州区众多名师、骨干教师一起聆听了来自珠海市金湾区红旗镇三板小学的广东省特级教师、教育部全国优秀小学校长李彩芳老师所作的题为《从语文素养形成说起》的专题讲座。

（苏　伟）

图4　肇庆市端州区小学语文教研会成立30周年课例展示活动

（四）课堂展示

在端城小学，本期活动进行了三节同样是以习作教学为主题的好课分享。一节是唐丽华老师上的统编版三年级第一单元习作"猜猜他是谁"教学指导课。整节课以生动有趣的游戏为主线，一步步引领学生明确描写人物的方法，怎样抓住人物的突出特点进行描写，学生在有趣、轻松的氛围中开启了小学中年段习作的大门。

图5　唐丽华老师的"猜猜他是谁"教学指导课

　　另一节好课分享是吴美华老师上的五年级说明文习作指导课"介绍一种事物"。吴老师通过例文引导，方法指导，课堂说、评、写、改，让学生进一步明确说明文的写作方法。

　　还有一节是全锦英老师上的六年级半命题作文"＿＿＿让生活更美好"。全老师善于引导学生捕捉生活中美好的一瞬间，有条有理地引导学生利用手中的笔把美写出来。

（唐丽华）

（五）送教送研共交流，实现双赢促成长

　　5月30日清晨，雨滴答滴答地掉在地上，像是在弹奏一首悠扬悦耳的小曲，拨动着我们的心弦。7点30分，我们工作室成员一同向肇庆市新区实验学校出发。一路上我们在雨中聆听丝弦，脑海里不禁浮现出"渭城朝雨浥轻尘，客舍青青柳色新"的景象。本次活动以课堂教学展示为主线，以听课、评课、座谈的方式展开。

图6　凌琳名师工作室成员送教肇庆市新区实验学校

　　本次活动在工作室学员吴美华老师的五年级习作指导课"介绍一种事物"教学中拉开序幕。吴老师通过引入片段，分析文段描写鲸形体的顺序，回忆学过的说明方法，接着引导学生结合板书去观察校徽，请孩子们向大家介绍自己学校的校徽并对照评价表修改习作。她在教学中注重方法指导，做到言之有法，让学生在课堂上通过说、评、写进行语言训练，从而明白要从不同的角

度、按照观察的顺序以及采用说明的方法去介绍一种事物。她为全体师生展示了一堂精彩的优质课。

（潘炜嫦）

（六）微课分享

在2019年广东省凌琳名教师工作室第一期骨干教师跟岗培训学习的最后一天，我们在端城小学开展了好课分享活动。本次好课分享主要是以习作教学为主题的微课展示。展示的内容有低、中、高年级的，有怎样把一句话写具体到一整篇习作写法的指导。类型也比较齐全，描景、记人、写物、叙事的都有。每一篇的微课设计都很新颖，有原声配音，也有系统配音。为了本次的微课展示，我们每一个成员都使出了浑身解数，就为了给大家展示一节属于自己风格的微课，同时也力求体现凌琳名教师工作室的宗旨——出众、出色、出彩。

图7 微课"口语交际 注意说话的语气"

三、学在海口

2019年11月23日，凌琳名教师工作室的学员拉开了新一期学习的序幕。学员们来到了首届全国统编版小学语文教科书优质课观摩交流活动的现场，聆听了来自不同地区的优质课例，课后专家们对课例进行了研讨。通过理论学习与教学实践相结合的方式，一天下来学员们收获满满。

北京市中国人民大学附属小学的陈丽老师为我们上了"初试身手+习作例文+习作"两个课时的示范课，课题为"介绍一件事物"。前一个课时引导学生在"初试身手"的基础上互评互改共议后，明确说明文写作方法，再借助写作例文，进一步领悟写好说明文的要领。打好基础后，第二课时进行习作，习作后再分享互评回顾，把"初试身手""习作例文"和"习作"融为一体。

图8　陈丽老师执教示范课"介绍一件事物"

上海市静安区闸北第二中心小学的江怡婷老师执教了一节口语交际课"劝告"。江老师活泼自然的上课风格，生生互动，师生互动，利用多种情境为学生打开交际的话匣子，充分发挥了口语交际的功能性，传递了友善的价值观，让学生学会尊重别人，注重培养学生换位思考能力。

图9　江怡婷老师执教口语交际课"劝告"

江苏省宿迁市苏州外国语学校的刘玉凤老师执教习作课"'漫画'老师"。刘老师通过名人漫画引出话题，选人物，抓特点，定事例，让学生精确地找出写作要点，以评促写，凸显了学生的主体地位。课后，专家组围绕"习作兴趣"和"习作方法"两个方面的话题进行了讨论。

（陈碧灵）

图10　刘玉凤老师执教习作课"'漫画'老师"

四、走向四方

（一）名师引领，研学共进

冬日向大地洒下缕缕阳光，温暖就这样蔓延开来，让人产生一种淡淡的幸福感。凌琳名教师工作室成员于12月8日下午来到德庆孔子学校（小学部）开展教学研讨会，拉开了工作室2019年第三期跟岗培训的序幕。

为了加强统编版小学语文教材的教学研讨，促进名师工作室建设，锤炼骨干学员的课堂驾驭能力，提升课堂教学行为的有效性和教学效益，在教学研讨会上，工作室主持人凌琳老师首先解读了工作室第三期的培训内容和安排，然后分小组合作。组员通过研讨、思辨、整合，合力提升即将送课的教学设计和讲座设计，为后续的送课活动做精心的准备。

在研讨会上，工作室主持人凌琳老师向工作室成员赠送了由她和端州区小学语文教研员杨晓红老师一起编写的名师名校名校长书系《寓教于乐》，为每一位学员写下寄语并签名。凌琳老师也向德庆县孔子学校（小学部）赠送了《寓教于乐》，潘杏梅主任接赠"法宝"，并与凌琳老师合影留念。

图11　广东省凌琳名教师工作室走进孔子学校小学部开展教学研讨活动（1）

图12　广东省凌琳名教师工作室走进孔子学校小学部开展教学研讨活动（2）

图13　广东省凌琳名教师工作室走进孔子学校小学部开展教学研讨活动（3）

（二）示范引领，走进德庆孔子学校

12月9日上午，工作室成员俞春梅老师在德庆县孔子学校（小学部）上了一节阅读示范课，内容是部编版教材三年级上册第七单元开篇之作《大自然的声音》。俞老师的教学设计准确把握课程标准，从引导学生入情入境到课文的整体感知及入情入境地品读，借助多媒体音频、美图等感受大自然声音的美妙，在对美妙语句的读、说、品中，让孩子们脑中有画面，耳边有声音，胸中有积淀，感受语言文字的魅力，从而让学生走进大自然、体验大自然、发现大自然，激发学生热爱大自然的情感。

在同一时间，工作室另一位成员唐丽华老师执教统编版教材五年级上册《忆读书》。

图14 唐丽华老师执教《忆读书》（1）

图15 唐丽华老师执教《忆读书》（2）

　　课堂上，唐老师重点引导学生品词句，体味细节描写，通过多种方式解读文本，把握文本精髓，在环环相扣的教学过程中引领学生自读自悟，在充分的自主探究中学会了梳理信息，抓住了课文要点，落实了语文要素，也激发了读书兴趣。唐老师还把课后的阅读链接融入课堂教学中，引导学生理解，拓展了教学内容和学生视野。

　　评课环节，凌老师在表扬工作室成员精彩课堂呈现的同时，还带领大家对自己的语文教学进行反思，并进行专业引领，也为在德庆孔子学校（小学部）的活动画龙点睛，使学员们在理论和实践相结合的道路上，找到了正确的方向和方法，共同成长。

（苏　伟、俞春梅）

图16　凌琳老师带领学员参加德庆孔子学校（小学部）活动时合影留念

（三）示范引领，走进德庆官圩镇中心小学

　　日出和煦照田园。9日上午，我们在凌琳老师的带领下，结束孔子学校的行程后来到德庆县官圩镇中心小学继续开展示范带学活动！这次活动分为习作教学示范课、阅读教学示范课、部编教材使用专题讲座三个部分。

　　上午，伍慧媚、莫通跃、谢德勇、苏伟四位骨干教师分别为官圩镇中心小学的师生带来了一节节精彩课堂。授课教师精心设计的教学流程、落落大方的教态、运用自如的多媒体，还有那活跃的课堂气氛，向全校师生呈献了精彩的教学示范课，打造了高效课堂。

图17 伍慧媚老师在德庆县官圩镇中心小学示范带学活动中授课

图18 莫通跃老师在德庆县官圩镇中心小学示范带学活动中授课

图19 谢德勇老师在德庆县官圩镇中心小学示范带学活动中授课

图20　苏伟老师在德庆县官圩镇中心小学示范带学活动中授课

下午是专家讲座和名师点评活动。黎洁容老师带来了见解独到的专题讲座《聚焦部编教材，回归语文本色》。评课活动中，凌琳老师亲自点评课堂，提出应做到"整合、重构、落实、有度"的教学方式，让大家对课堂教学有了更深刻的认识，赢得了在座教师的热烈掌声。评课活动后，凌琳老师还向官小赠送了她和杨晓红老师共同编写的《寓教于乐》一书。

德庆县官圩镇中心小学冯小芳副校长代表全体教师对凌琳名教师工作室在官小开展的送教活动表示由衷的感谢。

图21　凌琳老师和德庆县官圩镇中心小学冯小芳副校长合影留念

图22　凌琳老师与德庆县官圩镇中心小学教育工作者合影留念

（四）示范引领，走进封开渔涝镇中心小学

12月10日至11日，广东省凌琳名教师工作室10多位学员在凌琳老师的带领下，来到广东第一位状元莫宣卿的故里——封开，在封开的渔涝镇、河儿口镇开始了为期两天的示范带学活动。

12月10日下午，"说明文的写作"是陈彬老师在下午第一节上的习作示范课，整节课教学思路清晰，体现了陈老师指导的用心，通过多个有关说明方法、步骤顺序等视频的铺垫，很好地达成了说明文"以'说明白'为成功"这个教学理念。

在同一时间，全锦英老师上的是阅读教学示范课《月光曲》，在重点段的教学中，她首先让学生找出文中描写的实实在在的事物和皮鞋匠兄妹俩听乐曲后产生的联想，引导学生概括出乐曲三个片段的特点：柔和舒缓、明快有力、高昂激越。并且通过各种形式的情感朗读，引导学生在情感与文本、乐曲之间产生强烈的共鸣，感悟到乐曲中情景交融的意境，轻松地突破了文章的重点。最后进行学法迁移，教会学生根据事物特点展开联想的方法，使学生积累、感悟并逐渐内化。

下午第二节课专题讲座《抓实单元训练点，提高阅读教学实效》由李世炯老师主讲。李老师简单分析了当前的课改情况，围绕中年级部编语文教材，以三、四年级的阅读教学为例，较多地列举文本例子，阐述了在单元教材中要

"抓实单元训练点"，首先要明确哪些是单元训练点，在单元导读中如何梳理单元的训练点，并以四年级部编教材为例，阐述在文本教学、课后练习、单元习作和语文园地的教学中如何落实单元训练点，从而达到提高阅读教学的实效。

点评环节由工作室主持人凌琳老师主讲，她从与听课老师的互动开始，了解听课老师观摩后的感受与体会，然后围绕"对话"这个关键词，从"教师与文本对话""学生与文本对话""老师与学生对话"和"学生与学生对话"四个方面，结合上课老师的课例分别进行了阐述。在讲到"老师与学生对话"这个话题时，凌老师告诉我们：这个耗时最多的"老师与学生对话"通常要解决的，一是知识点的落实和迁移，二是学法的渗透，三是内容知识的传授。在谈到"学生与学生对话"时，凌老师以全老师的《月光曲》和陈老师的"说明文的写作"教学课为例进行了详细阐述。同时指出：在现时的教学中，很多时候老师因为忙于抽测，忙于质量把关，所讲的只是较多地寻求正确唯一的答案，在学生与学生的对话方面缺少训练，这是我们日常教学中往往忽略掉的，尤其是像我们六年级的老师。凌老师直面时弊，一语中的，告诉老师们"眼里要有学生""心中要有教材"，所以在上课的时候，不要老走教案，而应该想方设法去思考"如何把课落实得更实在一点""怎样才能还课堂于学生""怎样才能让学生多学东西，展示他的所学"，这才是我们作为语文老师应该做的。

最后是赠书仪式，本次活动在热烈的掌声中结束。

图23　凌琳名教师工作室学员在封开送教送研活动（示范带学活动）时合影留念

（五）示范引领，走进封开河儿口镇中心小学

2019年12月11日，我们一行在凌琳老师的带领下来到封开河儿口镇中心小学开展送教送研活动。

图24　陈碧灵老师举办的《巧用对比　注重整合　致力素养》讲座

活动分为三部分。第一部分为广东省凌琳名教师工作室学员、肇庆市第十五小学陈碧灵老师作题为《巧用对比　注重整合　致力素养》的讲座。讲座中展示了她在教学实践中一切以培养学生的能力为根本目标，教师应有意识地对各种课程资源进行整合，语文课堂要体现用好教材教语文，而不是简单地把目光聚焦在教材上去教教材，目的在于促进学生语文综合素养的全面提高。

第二部分为课例展示环节。由广东省凌琳名教师工作室区级骨干学员陆文君老师（肇庆七小）和省级骨干学员吴美华老师（德庆孔子学校）分别送上两节精彩纷呈的语文示范课——五年级习作课《心爱之物》和三年级阅读课《带刺的朋友》。

图25　陆文君老师执教习作课《心爱之物》

图26　吴美华老师执教阅读课《带刺的朋友》

　　第三部分为评课总结环节。工作室学员代表黄烨老师发言点评。黄烨老师从两位授课老师的教学目标达成度，文本处理，教学思路、方法和手段及教师基本功几个方面做了客观细致的点评，也提出了自己的建议，让参加研讨的老师们在理论层面受益匪浅。名教师工作室主持人凌琳老师最后做了精彩的点评及扼要的总结。凌琳老师以"取舍""收放"两个关键词来总结、点评整个活动。她首先肯定了执教老师对教学活动的巧妙设计及恰当的把控，引导并且针对每一节活动提出了合理的建议，如关注课堂的每一个细节、关注学生的即时反应、及时捕捉信息促成生成、用自己的教育智慧点燃孩子对知识的探究欲望等。同时强调了教师要从学生角度设定教学目标，要在教学活动的设计中培养学生的思维品质和文化意识。鼓励教师深挖文本，教学中一定要学会取舍和收放，一切以培养学生的能力为根本目标。

图27　黄烨老师发言点评

图28　凌琳老师与封干河儿口镇中心小学蔡金凤副校长合影

图29　凌琳老师及工作室成员与封开河儿口镇中心小学教育工作者在送教送研活动中合影留念

五、成绩收获

在过去的一年里，广东省凌琳名教师工作室的每一位老师努力拼搏，收获满满，共计获得省级奖励8项、市级奖励7项、县区级奖励23项，公开发表文章6篇，完成两个省级课题的结题、两个市级课题的申报、一个县区级课题的结题。其中，论文撰写方面共计获得省级奖项6人次，获得市级奖项4人次，获得区级奖项6人次：李世炯老师、全锦英老师在广东教育学会"2019年度学术讨论会暨第十五届广东省中小学校长论坛"征文活动中获二等奖，谢德勇老师获三等奖；在2019年肇庆市小学语文教师教学论文评比活动中，陆宇茵老师的论文获市评一等奖、省评一等奖，伍慧媚老师的论文获市评二等奖、省评三等奖，李世炯老师的论文获市评二等奖，潘炜嫦老师的论文获市评三等奖。

在2019年端州区小学语文教研会年会论文评比活动中，凌琳老师、陈碧灵老师、潘炜嫦老师、陆宇茵老师、陈彬老师的论文获得一等奖，陆文君老师的论文获得二等奖。在广东教育学会2019年教学设计评比活动中，俞春梅老师获二等奖。

潘炜嫦老师在2019年广东省中华优秀传统文化教育优秀论文评比中获三等奖，且被评为端州区教育系统优秀共产党员，荣获"2019年沪港琼粤第十三届写作小能手现场作文决赛"优秀辅导员称号。

谢德勇老师制作的微课"基础教育组微课《临死前的严监生》中的人物描写"在肇庆市教育计算机软件评审活动中获一等奖；辅导学生参加德庆县"我的书屋·我的梦"农村少年阅读实践活动征文比赛荣获优秀辅导老师称号；辅导学生参加"喜'阅'新一代"2019年世界阅读日粤港澳创作比赛荣获德庆赛区优秀指导老师称号；撰写的论文《实施多元评价，激发学生读整本书的兴趣》荣获德庆县2019年教育教学论文评比三等奖。

全锦英老师参加2019年德庆县"展新时代风姿　显班主任素养"中小学班主任专业能力大赛获县小学组三等奖；辅导学生石慧嘉参加德庆县"我的书屋·我的梦"农村少年阅读实践活动征文比赛荣获优秀辅导老师称号；论文《引导学生积累写作素材之我见》荣获德庆县2019年教育教学论文评比三等奖；2019年德庆县小学语文青年教师教学能力大赛中指导陆裕老师参赛取得优异成绩，被评为优秀指导教师；参加广东教育学会"2019年度学术讨论会暨第十五届广东省中小学校长论坛"征文比赛获省二等奖。

黄烨老师在2019年撰写的论文《浅谈如何有效培养农村学生口语交际能力》在《肇庆教育报》上发表；2019年4月参加封开县"一师一优课"评比，教学课例"注意说话的语气"被评为县级优课。

苏伟老师2019年指导六（3）班胡乐妍同学参加端州区"给妈妈的一封信"比赛，胡乐妍荣获一等奖，苏伟获得优秀指导老师称号。

伍慧媚老师撰写的教学设计《各具特色的民居》参加2019年广东省中小学信息技术教育优秀教学论文、教学设计评比活动，获省评二等奖。指导学生摄影类作品《阳光彩虹杏花村》荣获广东省第六届中小学生艺术展演活动小学甲组一等奖，被授予"优秀指导教师奖"。2019年9月被封开县教育局评为县优秀教师。

莫通跃老师主持的课题"'组合作+导学案'课堂模式下农村小学有效教学的实践研究"，2019年10月获肇庆教育发展研究院批准，被确认为肇庆市基础教育科研"十三五"规划项目2019年度课题。2019年9月，莫通跃被封开县教育局评为县优秀教育工作者。

陆文君老师在2019年"端州区中小学第二届校际灯谜会猜活动"初赛中荣获教师组二等奖。

莫锐梅老师作为主持人的教育科研课题"小学语文学科渗透立志教育的研究"在端州区2019年基础教育科研成果评选中荣获三等奖。

黎洁容老师主持的课题"农村小学语文教学渗透传统文化的实践研究"，被确认为肇庆市基础教育科研"十三五"规划项目2019年度课题。

唐丽华老师于2019年8月在期末教育教学质量评估中荣获教学成绩优秀奖。李世炯老师撰写的课题研究调查报告，在参加广东教育学会"2019年度学术讨论会暨第十五届广东省中小学校长论坛"征文活动中获省二等奖；撰写的教学论文在2019年肇庆市小学语文教师教学论文评比活动中获市二等奖；教学课例在"德庆县2019年'一师一优课，一课一名师'"活动中被评为县级优课。

吴美华老师在2019年荣获德庆县中小学班主任专业能力大赛小学组三等奖，撰写的论文《培养乡村小学低年级学生阅读兴趣初探》荣获2019年德庆县中小学教师教育教学优秀论文一等奖，荣获2019年德庆县小学《道德与法治》青年教师教学能力大赛三等奖。

陈碧灵老师在"欢迎你到肇庆过大年"征文比赛中获得市级优秀指导老师称号，在"暑假读一本好书"征文比赛中获得区级优秀指导老师称号，在小学生硬笔字书写比赛中获得区级优秀指导老师称号。另外，撰写的论文获得端州区年会论文评比一等奖。

教学设计与反思

　　在两年多里，学员们快乐地学习，认真地研究，大胆地实践，积极地反思，在语文教学方面越来越出色。这一篇共收录了32份教学设计和反思，有阅读课、习作课，还有口语交际课。这些课例，有的是学员自己独立设计的，有的是小组合作设计的，有的是学员在学校上的一次汇报课，有的则是工作室活动的送课课列。这些教学设计与反思，清晰地反映了学员们对课标理念的认识程度以及在教学中求真务实、精益求精的态度。

《老人与海鸥》第二课时教学设计与反思

（人教版小学语文六年级上册第21课）

陈碧灵

【教学概说】

《老人与海鸥》这篇课文讲述了一个非常感人的故事。一位老人十几年如一日，每天步行20余里，风雨无阻地给海鸥送餐；他视海鸥为儿女，熟悉它们的样子，懂得它们的语言，了解它们的情感。老人去世，海鸥为他举行特殊的葬礼。所以本课时的教学，笔者将引领学生们走进文本，走进老人与海鸥那令人震撼的情感世界，感悟文本内容，让学生在品味重点词句与想象中充分感受老人与海鸥之间的亲情，感悟人与动物的和谐之美，同时以"情"为线索，以"读"为手段，使学生乐读，于读中理解，于读中感悟，于读中生情。

【教学目标】

1. 在情感朗读中感受老人与海鸥之间的真情，了解真情是文章的灵魂。

2. 学习描写海鸥动作的词句，从而让学生认识到动物是有灵性的，它们是人类亲密的朋友，我们付出的任何一份感情，都能得到它们的加倍回报。

3. 通过学习课文的细节描写，学会如何真实具体地表达感情，并进行语言积累。

【教学重难点】

重点：练习以较快的速度阅读课文，抓住描写海鸥动作的重点语句，体会蕴含其中的深厚感情，并揣摩作者是如何把老人与海鸥之间的感情写具体的。

难点：揣摩作者是如何将老人与海鸥之间的感情真实、具体地表达出来的。

【教学课时】

第一课时：初读课文，学习生字词，厘清课文的条理，品读"老人喂海鸥"，感悟老人对海鸥亲人般的爱。

第二课时：品读"海鸥送老人"，感悟海鸥情。

【课前互动】

1. 课件出示四年级关于人与动物的课文片段，让学生回顾课题和作者。

师：老师想考考大家的记忆力，老师出示一些课文的片段，看看大家是否记得文段出自哪篇课文。

2. 出示电视台标志，让学生猜，最后出示昆明电视台台标，引出昆明人与海鸥的亲密关系。

师：老师想考考大家的观察力，老师出示各电视台台标，看看大家是否知道是哪个电视台的标志。

出示中央电视台、湖南卫视、嘉佳卡通台标，最后出示昆明电视台台标。引出：一只飞翔的海鸥作为昆明电视台的台标，足以看出海鸥在昆明人心目中的位置。不仅如此，在昆明开展的一次网上评选城市名片的活动中，海鸥从50多张城市候选名片中脱颖而出，当选为昆明的城市名片。老师觉得很奇怪，昆明人为何如此钟爱海鸥呢？原来海鸥来自遥远的西伯利亚，每年冬天，它们就会成群结队地飞往昆明的翠湖，与那里的人们来一场美丽的约会，而昆明市也由此成为我们国家唯一一座海鸥栖息的城市。应该说海鸥就是昆明人的骄傲，其实海鸥的到来和一位老人还有很大的关系，想不想继续听故事？

那我们一起走进课堂，走进今天的课文！孩子们准备好了吗？

【教学策略】

笔者对于课前谈话进行了精心的设计，课文的回顾达到温故而知新的效果，也为学生进行了一次知识的整合。此外，通过猜孩子们耳熟能详的电视台台标，活跃了课前气氛，也由此引出海鸥与昆明人的渊源，为课文的理解打下基础。

【教学过程】

（一）回顾"老人喂海鸥"，激情导入

1.回顾四年级课文，整合人与动物的课文

师：我们通过老舍先生的笔触感受到了猫的可爱；从丰子恺先生的描写中认识了高傲的白鹅；而因为冯骥才先生的精心呵护，怕人的珍珠鸟也与他和谐相处。这些发生在人与动物之间的一幕幕，让我们为之动容。今天，我们继续走进这个暖暖的冬日，回顾老人与海鸥之间的动人故事。

2.通读全文，梳理条理

请大家自由读课文，并给屏幕上的横线处填上合适的字。（师随机板书：爱 送）

老人_____海鸥

海鸥_____老人

3.创设情境，深情引读

老师引读：十多年了，一到冬天，我们总能看到这位衣着简朴的老人——"他背已经驼了……褪了色。"

十多年了，一到冬天，我们总能看到这样的情景——"老人把饼干丁很小心地……有声有色的乐谱。"

十多年了，一到冬天，我们总能听见这样的声音——侧耳细听，原来是亲昵得变了调的地方话——"独脚""灰头""红嘴""老沙""公主"。（板书：喂、唤、谈）

那细心的喂养、亲昵的呼唤、动情的谈论，都汇成了这样一句话——"老人和海鸥像亲人一样"。

设计理念： 通过课前谈话，学生已经回顾了四年级课文精彩的片段，再经过老师的引导，学生对人与动物的课文进行了一次知识整合。此外，通过通读全文，梳理课文的条理，也是对第一课时的复习。老师引读的句子都是第一课时重点品读的句子，通过创设情境的朗读，学生再次走进了老人对海鸥的爱里。

（二）品读"送老人"，感悟深情

1.自读课文，读出感受

师：这个单元要求我们继续练习用较快的速度阅读课文。下面请大家用较

快的速度阅读课文14～19自然段，边读边思考：哪些句子让你感受到海鸥爱老人？画出来，在旁边写上你的感受，并和你的同桌交流。

设计理念：笔者在备课时关注了单元的整合，把这个要求落实在教学中。此外，崔峦老师提出："在教学中，老师一定不要过于强势，一定要让学生自己读书、自己思考，读出自己的感受，提出困惑和问题。"因此，笔者放手让学生自读自悟，真正走进文本。

2.交流汇报找到的句子，注意把字音读准

预设：

（1）"一群海鸥突然飞来，围着老人的遗像翻飞盘旋，连声鸣叫，叫声和姿势与平时大不一样。"

① 初步感受句子中的情感。

师：从句子中你感受到了什么？

② 引导学生关注动词。

师：从哪个词语体会到海鸥的焦急？

③ 指导朗读方法。

师：如果你能注意节奏并读出重音，就能读得更好。再读一次。

④ 想象画面，补白课文。

师：海鸥们连声鸣叫，（板书：鸣）它们到底在说什么？请同学们闭上眼睛，仔细听听，听到了什么？（播放海鸥鸣叫的声音）

引导学生想象说话。

⑤ 情感朗读，感悟文本。

师：同学们，海鸥们一声声热切的呼唤有惊讶、焦急，还有悲伤，带着这样的情感一起把这段话读一读。（三齐读）

设计理念：这个重点句的教学，笔者注重教会学生体验朗读的三个层次：初次读准字音；再读注意节奏，读出重音；最后读出情感，在朗读中感悟文本。此外，笔者还创设情境让学生想象说话，补白课文。

（2）"海鸥们急速扇动翅膀，**轮流**飞到老人遗像前的空中，像是前来瞻仰遗容的亲属……过了一会儿，海鸥**纷纷**落地，竟在老人遗像前后站成了两行。它们肃立不动，像是为老人守灵的白翼天使。"

如学生找到其中一句，引导他把另外一句也找出来。

① 初步感受句子。

师：这是一段饱含深情的文字，女同学读一读。

② 指导学生读书方法。

师：刚才我们通过关注海鸥细腻的动作，感受到了它们对老人的那份深情。我们读书时应该发现细节，作者正是通过一个动作、一句话甚至一个眼神来把人与动物之间的感情写真实、写具体的；同时要关注描述的语言。语言是有温度的，我们可以通过一个字、一个词、一个句子读懂文字背后的情感。在这里，海鸥的每一个动作都流露出令人震撼的爱。请拿起笔，画出描写海鸥的动词。

生汇报，请学生在这些动词中挑选感受最深的一个写在黑板上。

③ 品读关键词，感受句中深情。

师："瞻仰"是什么意思？用在这里，说明了什么？这些动词让你感受到了什么？

④ 情感朗读。

师：带着你的急切读读吧！（生读）

⑤ 提出质疑，共同解决。

师：读了这个句子，你有疑问吗？

（海鸥本是动物，为什么会像人一样为老人守灵呢）

生交流解决问题。

⑥ 分层练习，丰富语言运用形式。

同学们，你能用"因为……所以……"的句式来说说海鸥与老人的深情厚谊吗？思考一下，选择其中的一句填在练习纸上。

A. 因为 _____，所以海鸥肃立不动为老人守灵。

B. 因为老人十年如一日地喂海鸥，所以 _____

C. 因为 _____，所以 _____

设计理念：这个句子的教学，笔者着重教会学生读书的方法——发现细节、关注语言。通过品读关键词句来体会情感。此外，设计"因为……所以……"这个句式的分层练习，不仅能加深学生对文本的理解，还能增强运用语言文字的意识，丰富语言文字运用的内容和形式。

（3）"海鸥们像炸了营似的朝遗像扑过来。它们大声鸣叫着，翅膀扑得那样近，我们好不容易才从这片飞动的白色旋涡中脱出身来。"

①品读关键词——"飞"。

师范读，把"扑"字读成"飞"字，引导学生讨论行不行？（学生讨论汇报）

师：看来，这两"扑"含义很深，情义更重。写作时，用词如果反复推敲，将会达到意想不到的效果。（师板书：扑）

②品读关键词——"白色旋涡"。

师：老师感动了，这里面的焦急与不舍是多浓的一份情感，一只只海鸥扑过来，形成了一道（生接）白色旋涡。

师：白色旋涡说明什么？（生可能回答不上来，如果答不上，引导：在白色旋涡里，谁来了？）（"公主""老沙""独脚"……）仅仅是它们吗？老人的所有儿女们都来了，有多少只？（不计其数、成千上万、数不胜数）是的，它们成千上万地扑来。所以，白色旋涡说明了？（海鸥很多）

③回顾老人喂海鸥的画面，感受深情。

师：同学们是否还记得，老人生前喂海鸥时，海鸥排成——生接（一片翻飞的白色）。

师：这翻飞的白色曾是一幅如诗般美好的画面。出示小诗：老人/顺着栏杆，/边走边放，海鸥/跟着节奏/起起落落，排成一片/翻飞的白色，飞成一篇/有声有色的乐谱。

师范读。（配乐）

师：海鸥跟着节奏起落，也就是说，老人快，海鸥就快，老人慢，海鸥就慢。我们合作读读，感受一下老人与海鸥的默契。注意听老师的语速：

师：海鸥来得多了，吃得快了　于是老人……生接：顺着栏杆……

师：海鸥来得更多了，吃得更快了，于是老人……生接：顺着栏杆……

师：海鸥吃得心满意足，放慢了啄食的速度，于是老人……生接：顺着栏杆……（师变化语速来读）

④感受两个句子的不同情感，解决课后习题。

师：老人在时，他们是如此的默契，这画面是如此的动人。可是相依相随的亲人忽然离去，所以海鸥们……（生接读）像炸了营似的朝遗像扑过来。它们大声鸣叫着，翅膀扑得那样近，我们好不容易才从这片飞动的白色旋涡中脱出身来。

出示对比句："老人顺着栏杆……""海鸥们像炸了营似的朝遗像扑过来……"

师：这个鲜明的对比让我们感受到了什么，老人在世时，海鸥如何？带着幸福，欢快地读一读。

师：老人去世了，海鸥如何？带着悲痛，沉重地读一读。

设计理念：这个环节，笔者通过引读让学生感受老人在世时海鸥的欢乐与默契，从而更好地体会老人离世后海鸥的心如刀割。这种对比的教法，不但解决了课后的习题，而且学生在读中悟情，感受更深刻，体现了语文工具性与人文性的统一。

（三）拓展延伸，体验升华

1.触动心灵，角色体验

师深情地讲述：（音乐起）是啊，十多年了，几千个日子，老人每天都来喂海鸥。可有两天老人没来，到第三天的时候，老人才拖着沉重的步子，走走停停，来见他心爱的"儿女"了。喂海鸥的时候，他已经没有力气顺着栏杆边走边放了，他坐到了地上，身子弯成了弓一样的弧形。这三天，他只吃了一碗面，觉得好点了，就赶来看海鸥了。可这一看竟成了诀别。人们在处理老人遗体的时候，发现在老人的怀里还揣着一张海鸥的照片，在那个褪色的蓝背包中还装着一塑料袋已经掰好的饼干丁。老人在临终的最后一刻，心里牵挂的还是海鸥，海鸥们对老人也是依依不舍，我想，他们一定还有好多好多的话来不及倾诉，让我们拿起手中的笔，一起来帮他们完成这个心愿吧！

生想象写话：

（1）假如你是一只老人曾经喂养过的海鸥，面对天堂里的亲人——老人，你会对他说些什么？

（2）假如你是天堂里的老人，回忆与"儿女"们——海鸥相伴的一幕幕，面对悲痛欲绝的海鸥，你会对它们说些什么？

2.生写，交流

这是本课的高潮，学生通过刚才品读句子，已经感受到海鸥对老人那份震撼的情。此时，通过老师深情地讲述老人临终的故事，再次触动了学生的内心。在教学中，很多学生边抹眼泪边写话，写话此时真正成了情感表达的需要。

（四）回旋画面，总结全文

1.总结全文，回顾课题

师：多么诚挚的语言，多么动人的情感，老人与海鸥之间的故事感动了很多人。后来，人们在翠湖公园里建立了一个雕塑（出示PPT）：老人依旧满脸慈祥的笑容，周围是翩然翻飞的海鸥，多么和谐的场面！指读板书：老人爱海鸥，海鸥送老人，让我们永远铭记这位慈祥的老人，齐读课题；让我们永远记住这群感恩的海鸥，再读课题。

2. 熏陶心灵，引导阅读

师：动物尚且知道"滴水之恩，涌泉相报"，我们作为小学生更应该学会感恩父母，回报社会。其实关于人与动物和谐相处的优秀作品还有很多，老师给大家推荐几本。希望大家能走进动物的情感世界，感受动物文学的迷人之处。

设计理念：养成阅读的兴趣和习惯，是发展学生学习主动性和创造性的重要途径。因此，笔者结合本单元书屋的推荐书目，引导学生进行课外阅读，努力成为儿童阅读的点灯人。

（五）布置自选作业

（请选择其中的1～2项完成）

1. 喜爱交流与阅读的你，不妨阅读《海鸥老人》的原文并书写和交流读后的感受。

2. 喜爱写作的你，不妨为老人写一首赞美的小诗。

设计理念：在要求减负的大环境下，让学生选择自己喜欢的作业，既可以减轻学生的学业负担，又可以激发学生的学习兴趣。

【板书设计】

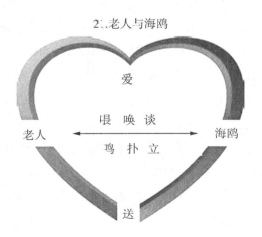

21 老人与海鸥

爱

唤　谈
老人 ←————→ 海鸥
立　扑

送

【教学反思】

前段时间笔者执教《老人与海鸥》一课。这是人教版六年级上册的课文，课文讲述了一位老人十几年如一日，每天步行20余里，风雨无阻地给海鸥送餐，视海鸥为儿女。老人去世后，海鸥为他举行特殊葬礼的感人故事。

因为是比赛课，免不了要试教。在试教中，笔者先让学生找出海鸥爱老人的句子，接着讲述老人临终前的故事来渲染气氛，目的是让学生的心灵受到触动。笔者满心以为凭着自己的语言魅力，孩子们一定会被老人对海鸥的深情打动，然后能动情地读好这些重点句，为句子的理解打下基础。但是，当笔者满怀深情地讲着故事的时候，发现孩子们一脸漠然。故事讲完，笔者忍不住提醒："从故事中，我们可以感受到什么？"孩子们零零散散地回答："老人很爱海鸥"，答案非常单一。笔者抱着最后一丝希望让孩子们带着感动去读句子，孩子们不但没有读出感情，甚至还有一个孩子问笔者："老师，读哪里的句子？"笔者脑袋嗡地一下蒙了。接下来的环节，孩子们对句子的体会都是重复单调的"海鸥很爱老人"，根本没有读出自己的感受，角色写话的环节更是惨不忍睹，大多数学生只能写上一句"老人，我真舍不得你呀！"或者是"海鸥们，我真舍不得你们哪！"学生完全没有走进文本，思维都被束缚在一个格子里，这次试教以失败而收场。

因为故事的引入是整节课失败的开始，所以课后，笔者不禁对讲故事这个环节的设计进行反思。这个故事是如此动人，学生为何没有产生共鸣？甚至出现了反效果？看了崔峦老师在第九届青年教师阅读课大赛上的讲话，笔者才恍然大悟。崔老师提出："在教学中，老师一定不要过于强势，一定要让学生自己读书、自己思考，读出自己的感受，提出困惑和问题。要让学生真读、真思、真议、真练，让学生经历真实的学习过程。"而笔者的设计恰恰就是老师过于强势的表现，在学生还没有自读自悟的情况下，笔者把老人临终的故事强加在学生身上，把自己体会到的情感强灌在学生身上，这样的做法无异于揠苗助长，学生怎会产生共鸣呢？我们作为老师应该放手让学生真读、真思，通过自主品读句子，教给学生读书的方法，用有效的导和引带领学生走进文本，这样才是真实的学习过程。学生对文本的理解是逐步加深的，如果我们在学生初次接触文本的时候，就把所谓的情感基调告诉学生，那么学生非但没有经历真正的学习过程，而且还会把自己置身于文本之外。因此，我们应该采取层层推进的学习方法，通过一次又一次的品读去感受关键语句，这样才能达到厚积薄发的效果。当学生通过自读自悟逐步感受到句中的深情时，感情朗读也罢，情感升华也罢，都是水到渠成的事情。

找到问题所在，笔者马上调整了教案，把着眼点放在"悟情"上，放手让学生自己读书，自己思考、感悟，在品味重点词句与想象中充分感受老人与海鸥之间的亲情，感悟人与动物的和谐之美。同时笔者以"情"为线索，以"读"为手段，使学生走进文本，走进老人与海鸥那震撼的情感世界中。

正式比赛上课的时候，孩子们整节课都沉浸在老人与海鸥的浓浓亲情之中，在充分的自主读书、自主思考、自主感悟后，笔者再引入故事，让学生角色写话。在笔者讲故事的时候，有好几个孩子已经泣不成声；写话时，不少孩子边抹眼泪边写话，写话的效果特别好。交流的时候，孩子们都争先恐后地说出自己的体会："敬爱的父亲，我是独脚，我来送您了。虽然您离开了我们，但您永远活在我们心中，我们来世再会！""公主，你别老耍脾气了。独脚，你要小心飞行啊。老沙，你是他们的大哥哥，要照顾好弟妹们。我所有的儿女们，不要伤心了，你们要好好照顾好自己呀！"……从孩子们哽咽的语调中，从他们眼角的泪光中，我们可以看到孩子们真正走进了老人和海鸥的内心世界，感受到他们之间震撼人心的真情，写话也成了他们此时情感表达的需要。

课后，有老师开玩笑地说：'是你的语言感染了学生。如果换成别人说故事，就没有这个效果了。"笔者想告诉大家，不是的，故事讲得如何并不是关键。当学生充分理解文本后，情感的升华就是瓜熟蒂落、水到渠成的事情。

《竹节人》教学设计与反思

（统编版小学语文六年级上册第9课）

莫通跃

【教学目标】

1. 疏通重难点字词的读音和写法。

2. 整体感知课文内容，把握故事情节，厘清行文思路，感受"竹节人"游戏给作者童年生活带来的欢乐。

3. 理解语言形式与情感表达的统一。理解文中说明性语言的功能及背后隐含的情感。

【教学重难点】

重点：厘清结构层次，把握文章主要内容及主旨。

难点：品味生动幽默的语言特点。

【教学过程】

第一课时

（一）导入新课

1. 同学们一定都玩过不少玩具吧？你们最喜欢的玩具是什么呢？

2. 你有动手制作玩具的经验吗？想一想，你从中得到了怎样的乐趣？与同学们分享一下。

3. 同学们见过这种玩具吗？（课件出示竹节人的图片）这就是"竹节人"，我们今天将要学习的新课就叫《竹节人》。（板书课题：竹节人）

4. 让我们带着好奇，一起去课文里看看作者是怎么玩这种玩具的吧。

（二）初读课文，预习检查（导学案）

1.阅读导学案"知识链接"，简单了解作者

范锡林，1950年出生于江苏无锡。1990年毕业于南京师范大学汉语言文学系。1968年到江苏省靖江市靖南村插队，后历任靖江团结中学、靖江中学语文教师，靖江市文联副主席，江苏省第八届人大代表。1980年开始发表作品。1994年加入中国作家协会。著有专集《避邪铜钱》《秘道》《小巷三杰》《血经》等20多种及《范锡林少年大传奇》（五卷），已发表小说、童话、散文300多万字，并有若干作品被翻译介绍到日本。作品获陈伯吹儿童文学奖、江苏省"五个一"工程奖、《儿童文学》优秀作品奖等40多项。

2.生字词读写与积累

（1）学生自由读课文，画出生字，多读几遍。

（2）出示生字，请学生说说自己学会了哪些生字。（读准字音、记住字形）

（3）交流、积累易错易混淆的字或多音字。

预设：

"凛"的部首是"冫"，不要写成"氵"；"雕"的右边是"隹"，不要写成"佳"。缝（fèng裂缝，féng缝合）、攒（cuán攒动，zǎn攒钱）。

（4）检查、交流学生积累的词语：（预设）

疙瘩　　疲倦　　冰棍　　橡皮　　鏖战　　跺脚　　颓然

沮丧　　叱咤风云　　前功尽弃　　威风凛凛　　虎视眈眈

化为乌有　　别出心裁　　技高一筹　　念念有词　　津津有味

设计理念：检查学生的预习情况，并以个别学生积累的字词进行全班交流，一是了解学生学习的动态，二是鼓励学生主动学习。

（三）再读课文，整体把握，了解文章结构

1.快速朗读课文，然后填写表格

文章重点内容表

我要完成的阅读任务	我要关注的内容
1.写玩具制作指南，教别人玩这种玩具	
2.体会传统玩具给人们带来的快乐	
3.讲一个有关老师的故事	

2. 小组交流，补充完善

小组交流：根据不同的阅读目的，你是怎么阅读课文的？

如"写玩具制作指南"，在阅读时重点关注竹节人的制作方法；"体会玩具的乐趣"，读的时候要特别注意文中写"我们"投入地做玩具、玩玩具的部分；"讲一个有关老师的故事"，主要关注老师没收玩具及玩玩具的内容。

设计理念：设计表格和让学生探究学习，目的在于让学生更清晰地认识到：要根据阅读目的的不同，迅速找到相关文段，再有针对性地选择适合的阅读方法，这样不仅能提高阅读速度，也能提高阅读质量。

3. 阅读课文，说说本文可以分为哪几个部分，简要概括各部分的主要内容

学生小组合作完成，可以依据学生不同的理解，采用两种划分方式。

（1）第一种划分方式

第一部分（1~2段）：概述"我们"当时迷上了竹节人。

第二部分（3~19段）：主要描述制作竹节人、斗竹节人的过程与乐趣，体现"我们"对此深深着迷，表现了孩子们对竹节人游戏的喜爱与热情。

第三部分（20~29段）：主要写老师没收了竹节人，却也偷偷在玩竹节人的趣事。

（2）第二种划分方式

第一部分（1~2段）：概述"我们"小时候喜欢玩自己做的竹节人。

第二部分（3~7段）：写制作竹节人的过程。

第三部分（8~19段）：主要写斗竹节人的过程与乐趣，表现了孩子们对竹节人游戏的喜爱。

第四部分（20~29段）：主要写老师没收了竹节人，却也偷偷在玩竹节人的趣事。

设计理念：此环节是为了训练学生的概括能力。依据学生的不同理解，采用两种划分方式，一是尊重学生的学习成果，二是为了培养学生的发散性思维。

（四）学习第一、二部分（1～7段）

1. 出示学习单，引导学生欣赏句子或提问题。

①我会欣赏：你喜欢文中的哪些地方？为什么？
原文：书本第（　　）页第（　　）自然段第（　　）句。
赏析：

②我的疑惑：我有以下几个问题要和同学探讨。
原文：书本第（　　）页第（　　）自然段第（　　）句。
我的疑问：

图1　学习单

2. 小组合作交流。

3. 利用学生提出的有效问题或好句子分享，引导全班探究。

（1）问题预设：竹节人是用什么做的？（指引学生画出文中描写制作竹节人的过程的句子，圈出做竹节人的动词）

（2）好句子分享预设：画出1～7段中的拟人句和比喻句，分析拟人和比喻修辞的好处。

（如"教室里的课桌破旧得看不出年纪……掉下去了"）

设计理念：通过引导学生根据文本去提问题或是找出自己喜欢的句子，并说出原因，在提高学生品词赏句、学会质疑等能力的同时，利用学生学习成果带动全班学习，不仅彰显了学生是课堂的主体，还因充分的生生互动，更能提升学生学习的兴趣，以及良好学习习惯、能力的养成，同时为下节课精读课文、突破学习重难点埋下了伏笔。

（五）课下作业

1. 抄写字词。

2. 赏析课文，作旁批。

设计理念：通过教给学生在课后去根据已学到的赏析课文的方法，要求学生找出关键词句，然后作旁批，为下一节课精读课文、突破学习重难点做铺垫。

第二课时

（一）复习巩固，听写字词

（二）朗读课文，品味语言

1.学生圈画、标注出认为文中好的词语、句子和精彩段落。

2.推敲幽默的语言。

如第22段"不消说，费了许多功夫做出来的，建立了赫赫伟绩，鏖战犹酣的两个竹节人被一把抓去"中的"赫赫伟绩""鏖战犹酣"是大词小用，语言幽默，表现游戏时间之长、次数之多，突出这个游戏的优点、吸引力与乐趣，进一步表现了作者童年时期对竹节人游戏的喜爱。

3.感受理解语言的言外之意。

如第4段"而校门口卖毛笔的老头儿则生意特别好"与第6段"而现在，这些裂缝正好用来玩竹节人"中的"而"各自表达了什么样的情感？

4.感受理解说明性的语言。

（1）思考：一篇记叙文，为什么有这么多说明性的内容？

（2）小组合作探究。

（3）师引导小结：详细介绍制作竹节人的方法、怎么玩竹节人：一方面是因为读者可能对竹节人的游戏不熟悉；另一方面在说明的过程中蕴含了真切的情感。

设计理念：欣赏本文语言的幽默、言外之意等是本课的难点。因此在学生课前已对若干句子做了批注的基础上，进一步引导学生按照"找句子—读句子—圈关键词—说体会—品读句子"的顺序，抓住若干重点句子，以点带面引导学生去赏析。

（三）精读课文，问题探究

1.文章的主体部分是如何安排记叙顺序的？

文章的主体部分是斗竹节人的那些有趣的情形（9～19段）。一般来讲，写竹节人搏斗的场面是按照时间顺序来写的。但课文中记叙的是几个片段、几个画面，作者是按照什么顺序来构思布局的？

（提示：抓住关键词"有时""还有""其实"理解。这些内容是随着游戏的欢乐程度一步步写下来的）

2. 为什么要写老师与竹节人这一部分？它和主题的关系是什么？这一部分会不会影响老师的形象？是不是可以删去？

（1）学生讨论交流。

（2）师引导思考。

抓住"两个对比"：①老师形象的前后对比；②"我"和同桌心情的前后对比。

关键词：①虎视眈眈、大步流星、怒气冲冲、拂、念念有词、全神贯注、忘乎所以；②颓然、不消说、眼巴巴、沮丧、溜、转悠、咦、相视一笑、心满意足、化为乌有。

（3）师引导小结：首先，这部分内容更深入地表现了"我们"对这个材料简易的玩具喜爱至入迷，才会在上课的时候忍不住去玩；其次，竹节人受到老师的青睐，侧面烘托出这个游戏的有趣，表达了"我们"内心的喜悦、满足与自豪；最后，"我"在对这个游戏的回忆中加入了可爱可亲的老师，竹节人和老师共同构成了"我"对童年的美好回忆，深化了文章主旨。

设计理念：通过设计合作探究任务，目的在于让学生领悟到本文的一些写作技巧，同时深化对文章主题的理解。

（四）总结

学生自我总结学完本课后的感受及收获。

（五）作业

1. 积累优美语句。

2. 写一篇回忆童年的小随笔（周记）。

【板书设计】

9.竹节人

迷上了竹节人（1～2）

制作竹节人、斗竹节人（3～19） { 制作竹节人及玩的地方（3～7） 斗竹节人（8～19） } 童心童趣

老师没收了竹节人，但偷偷地玩（20～29）

【教学反思】

这篇课文写的是作者童年时代喜欢玩的玩具，因为作者出生于20世纪50年代，与学生相隔较远，很多学生都没有见过竹节人这种玩具，所以笔者从学生喜欢玩的玩具导入，拉近了学生与文本的距离。在教学过程中，笔者先让学生根据导学案自我学习，积累生字词，然后将梳理情节、分析语言特色作为重难点。课堂气氛活跃，学生积极讨论，参与度较高。不足的是，在品读语言的幽默、说明性语言的作用时，学生有个人独立看法的不多，大多是照本宣科；在精读课文的讨论过程中，学生都感觉归纳写作手法的难度大，如果问题设置得更有针对性，那么课堂教学效果可能会更好。

附：

2019—2020学年度六年级语文（上册）导学案

班级：　　　小组：　　　组员：　　　编号：

年级	六年级	主备	莫通跃	复备		审核	
课型	精读			单元	第三单元	学时	2~3
课题	9.竹节人						
学习目标	1. 掌握文中重点词语 2. 感知竹节人游戏给作者童年生活带来的欢乐 3. 理解课文的故事情节，梳理行文思路 4. 理解语言形式与情感表达的统一						
重难点	重点：厘清结构层次，把握文章主要内容及主旨 难点：品味生动幽默的语言特点						
知识链接	范锡林：1950年出生于江苏无锡。1990年毕业于南京师范大学汉语言文学系。1968年到江苏靖江市靖南村插队，后历任靖江团结中学、靖江中学语文教师，靖江市文联副主席，江苏省第八届人大代表。1980年开始发表作品。1994年加入中国作家协会。著有专集《避邪铜钱》《秘道》《小巷三杰》《血经》等20多种及《范锡林少年大传奇》（五卷），已发表小说、童话、散文300多万字，并有若干作品被翻译介绍到日本。作品获陈伯吹儿童文学奖、江苏省"五个一"工程奖、《儿童文学》优秀作品奖等40多项						

年级	六年级	主备	莫通跃	复备		审核	
课型	精读		单元	第三单元	学时	2~3	

	导学过程	
环节	学案	导案（或笔记栏）
独学 自主预习 明确目标	【独步天下我能行——挑战第一枚智慧勋章】 （一）初读课文：初步感知课文，概括文章的主要内容 1. 初读课文，要求读通顺、读正确。碰到不认识的字，查字典并读准字音。积累易错易混淆的字或多音字 2. 积累词语 3. 初步感知课文，划分段落并概括大意 （1）第一部分（ ～ 段）：概述当时"我们"全都（ ） （2）第二部分（ ～ 段）：描写了（ ）、（ ）的过程和乐趣，表现出孩子们对（ ）的自豪、对（ ）的痴迷 （3）第三部分（ ～ 段）：叙述了老师（ ），却也（ ），表现出孩子们从（ ）到（ ）的情感变化 （二）再读课文，我会欣赏：你喜欢文中的哪些地方？为什么 原文：书本第（ ）页第（ ）自然段第（ ）句 赏析： （三）默读课文，我的疑惑：我有以下几个问题要和同学探讨 原文：书本第（ ）页第（ ）自然段第（ ）句 我的疑问： （四）精读课文，挑战自我：（书本第39页）为了完成三个不同的任务，你是怎样读这篇文章的？和同学交流 1.为完成"写玩具制作指南，并教别人玩这种玩具"这个任务，可以先快速读全文，找到相关内容，再仔细读 2."体会传统玩具给人们带来的乐趣"，读的时候要特别注意文章中写"我们"投入地做玩具、玩玩具的部分 3.为完成"讲一个有关老师的故事"这个任务，我主要关注了老师没收玩具、玩玩具的内容，重点梳理了故事的起因、经过和结果	【学法提示】：要善于在原文中找出相关句子，并在书本上做好批注 家长评价（√） 认真 （ ） 有进步 （ ） 需提高 （ ） 不认真 （ ）

续　表

年级	六年级	主备	莫通跃	复备		审核	
课型	精读			单元	第三单元	学时	2~3

互学 合作交流 探究质疑	【合作解疑我也行——挑战第二枚智慧勋章】 独学任务一互学建议： 同桌互相检查任务一的1、2题 独学任务二互学建议： 要注意所选的句子是你认为写得好的句子，并能说明理由〔如：（1）结构美：中心句、过渡句、前后照应；（2）语言美：修辞手法、关联词；（3）细节描写生动传神：语言、动作、神态、外貌、心理、环境等；（4）意境美：想象、情感、哲理、品质美〕 独学任务三互学建议： 1. 各人提出自己的疑惑，在组内交流解疑。总结组内不能解决的问题，在全班交流时向同学发问 2. 在多读相关文段的基础上品读理解 独学任务四互学建议： 1. 先根据三个问题对课文进行梳理、自学，在自学的基础上，小组选择其中一个问题进行讨论 2. 运用"找（句子）→读（句子）→圈（关键词）→说（体会）→再带着体会品读（句子）"的方法，与同学合作探究学习	【合作探究我快乐】 1. 小组内合作探究独学的内容 2. 小组准备展示
	小组评价：_____ 颗☆	
共学	【百家争鸣我最行——挑战第三枚智慧勋章】 共享展示　释疑点拨	
延学 达标检测	【千锤百炼我更行——挑战第四枚智慧勋章】 课后练习 （一）看拼音，写词语。 bīng gùn　　gǎn wù　　　gē da　　　kē tóu （　　）　（　　）　（　　）　（　　） jǔ sàng　　wēi fēng lǐn lǐn　　　wā kōng xīn sī （　　）　（　　　　）　　（　　　　） （二）把词语补充完整。 （　）风云　　别出（　）　　技高（　） 弄巧（　）　　化为（　）　　虎视（　） （　）有味　　（　）所以　　心满（　） 作鸟（　）　　大步（　）　　怒气（　）	

续表

年级	六年级	主备	莫通跃	复备		审核	
课型	精读			单元	第三单元	学时	2~3

| 反思升华 | （三）选择恰当的解释。（填序号）
"屈" 在字典里的解释有：①弯曲，使弯曲；②屈服，使屈服；③理亏；④委屈，冤枉；⑤姓。
顽强不屈（　　）　　　能屈能伸（　　）
理屈词穷（　　）　　　屈打成招（　　）
（四）缩句。
1.我和同学一起在办公室窗户下的冬青丛里转悠。
2.老师在办公桌上全神贯注地玩他从课堂上没收去的竹节人。 | |
| 拓展阅读 | 社戏（节选） 鲁迅　　然而我的意思却也并不在乎看翻筋斗。我最愿意看的是一个人蒙了白布，两手在头上捧着一支棒似的蛇头的蛇精，其次是套了黄布衣跳老虎。但是等了许多时都不见，小旦虽然进去了，立刻又出来了一个很老的小生。我有些疲倦了，托桂生买豆浆去。他去了一刻，回来说："没有。卖豆浆的聋子也回去了。日里倒有，我还喝了两碗呢。现在去舀一瓢水来给你喝罢。"
　　我不喝水，支撑着仍然看，也说不出见了些什么，只觉得戏子的脸都渐渐的有些稀奇了，那五官渐不明显，似乎融成一片的再没有什么高低。年纪小的几个多打呵欠了，大的也各管自己谈话。忽而一个红衫的小丑被绑在台柱上，给一个花白胡子的用马鞭打起来了，大家才又振作精神的笑着看。在这一夜里，我以为这实在要算是最好的一折。
　　然而老旦终于出台了。老旦本来是我所最怕的东西，尤其是怕他坐下了唱。这时候，看见大家也都很扫兴，才知道他们的意见是和我一致的。那老旦当初还只是踱来踱去的唱，后来竟在中间的一把交椅上坐下了。我很担心；双喜他们却就破口喃喃的骂。我忍耐的等着，许多工夫，只见那老旦将手一抬，我以为就要站起来了，不料他却又慢慢的放下在原地方，仍旧唱。全船里几个人不住的吁气，其余的也打起哈欠来。双喜终于熬不住了，说道，怕他会唱到天明还不完，还是我们走的好罢。大家立刻都赞成，和开船时候一样踊跃，三四人径奔船尾，拔了篙，点退几丈，回转船头，驾起橹，骂着老旦，又向那松柏林前进了。 | |

年级	六年级	主备	莫通跃	复备		审核	
课型	精读			单元	第三单元	学时	2~3

拓展阅读	（选自《朝花夕拾》） 1."实在"在文中的意思是（　　　　），它还有另外一个意思：（　　　　） 2."我"最喜欢看的是（　　　　） 3.文中出现的戏剧中的角色有（　　　　） 4."我"为什么怕老旦，尤其是怕他坐下了唱	
学情反馈	个人学习评价等次	自我评价（√）
	☆☆☆☆☆　问题全部解决，并帮助他人	
	☆☆☆☆　问题全部解决	
	☆☆☆　通过帮助，问题已解决	
	☆☆　仍有小部分问题没解决	
	☆　仍有很多问题没解决	
课后反思		

《桥》教学设计与反思

（统编版小学语文六年级上册第12课）

潘炜嫦

【教学目标】

1.有感情地朗读课文，注意读好短句。

2.读小说，关注情节，了解课文语言、人物刻画、环境描写等方面的表达特点。

3.感悟老支书在危难面前表现出来的无私无畏、不徇私情、英勇献身的崇高精神。

【教学重难点】

1.抓住课文令人感动的地方，体会人物的思想品质。

2.学习文章的表达方法。

【教学过程】

（一）目标导入

1.认识单元导读

（出示PPT）请学生读读本课的学习目标，了解一下接下来我们要学什么。（读小说，关注情节、环境，感受人物形象）

2.认识小说学习目标

本节课我们需要关注的三个方面是什么？（第一个是人物形象，第二个是环境，第三个是情节）

设计理念：单元导读为我们确定了学习目标，让学习变得简洁、明确、有序。

49

（二）阅读，感受"人物形象"

1. 初读，留有"印象"

（1）初读课文，想想课文给你留下了什么印象。

（2）再读课文，老师领读，同学们根据自己预习时的理解，接读好文中老汉说的话，重点关注小说中人物的语言，从语言中感受人物形象。

（师引读课文，生接读关于老汉的四次语言描写）

2. 初谈人物"形象"

（1）老汉给你留下了什么印象。（伟大、公正、不徇私情等）

（2）出示课后第2题：这篇小说写了一位怎样的老支书？找出写老支书动作、语言、神态的句子，结合相关情节说说你的理解。谁能结合文中的语句，说说你从哪些描写中感受到老汉这样的形象。

（3）朗读，关注语言中的"形象"

朗读关于老汉的四次语言描写，要特别注意提示语。

① 出示PPT（生齐读）。

老汉沙哑地喊话："桥窄！排成一队，不要挤！党员排在后边！"

老汉冷冷地说："可以退党，到我这儿报名。"

老汉突然冲上前，从队伍里揪出一个小伙子，吼道："你还算是个党员吗？排到后面去！"老汉凶得像只豹子。

老汉吼道："少废话，快走。"

过渡：提示语就是作者给我们留下阅读和思考的线索，故事中老汉说的话就是帮助我们绘制人物形象。今后阅读小说我们又多了一种方法——关注语言，关注说话前的提示语。

② 与第13课《穷人》对比，《穷人》这篇课文的对话很少用提示语。

PPT出示课文片段（师总结：读小说，既要有方法，又不能拘泥于方法）

设计理念：关注小说中的人物，从语言的角度入手，在对"提示语"的把握中触碰人物形象。同时，通过互文对比，让这一方法不被学"死"，运用开放性思维，为学生学习小说奠定了基础。

（三）阅读，关注"环境"

1. 小说开头环境

（1）小说开头有一部分环境描写，我们来读读，感受一下当时的惊险。

（出示课文1~6自然段，生齐读）

（2）用短句子写环境，对你有什么启发？

（写了环境，我们就更觉得老汉精神可嘉。大家都怕死，而他不但不怕，还很冷静，带着大家撤退，很棒）

2. 关于"长"与"短"的辨析

（1）长而强，大气磅礴；短而诡，暗藏危机，各有特点。你觉得写环境用什么样的语言比较好？

（2）不管是长还是短，都不是关键，关键在于环境描写能否衬托出人物形象，能否为小说要表达的主旨服务。比如，《穷人》第1自然段（出示第1自然段），和本文环境描写对比，你有什么发现？

（环境描写也没有僵化的方法，重在突出人物形象，体现人物特点）

设计理念：本环节教学，通过对比，让学生不断体验环境描写的方法、作用，不断指向小说创作的主旨。

（四）阅读，关注"情节"

1. 整体感知情节

（1）刚才我们关注了故事环境、人物，最后我们来谈谈情节。读了这篇微型小说，你有什么感觉？（生汇报：我感到非常的意外，意外的是老汉和青年居然是父子）

（2）师小结：作者精心设计了小说的情节，才让我们倍感意外，以至于到了故事的最后，揭开谜团的时候才恍然大悟，这个情节的安排，真的太妙了！

2. 借助朗读回到故事现场

（1）出示PPT课文最后4个自然段，生齐读。（通过朗读再现"情节"）

（2）基于理解，再读读之前的部分，你就不会那么气愤，你心里会有另一番感受，先读一读，再谈一谈感受。出示PPT课文15~20自然段，生齐读。（生汇报：我感到心酸、心里不舒服，我感到老汉特别高大，让人佩服，这是一般人做不到的……）

（3）阅读，关注"人物"。

读小说，关注情节、环境，感受人物形象，让我们回到最初的问题：你觉得小说中的老汉是一个怎样的人？（伟大、令人敬佩、不徇私情、忠于职守、舍己为人等）

（五）总结全文，升华精神

木桥虽然倒塌了，但是全村人都拥戴的老支书，在人民群众生死攸关的危难关头无私无畏、不徇私情的崇高精神为村民们架起了一座怎样的桥？（生命的桥）让我们深情齐读课题——《桥》。在我们身边，有无数个这样的党员、党支部书记，让我们向他们学习，向他们致敬！

【板书设计】

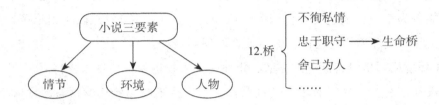

【教学反思】

《桥》是一篇精读课文。这篇课文作者满怀深情地塑造了一位普通的老共产党员的光辉形象。面对狂奔而来的洪水，他以自己的威信和沉稳、高风亮节、果决的指挥，将村民们送上跨越死亡的生命桥。他把生的希望留给别人，把死的危险留给自己，用自己的血肉之躯筑起了一座不朽的精神桥梁。

（一）教学效果

本课教学效果很明显，有以下几点：

1. 分析教材，准确把握课堂目标。通过深入地分析文本，心中明确课堂目标，尤其是理解课文内容，体会课文中的老汉在生死关头舍己为人的高尚品质。这一目标由于比较含蓄，学生不容易懂，所以在本课的教学中，笔者有意识地引导学生体会文中的目标。

2. 在读的过程中，通过重点词语来凸显老汉的形象。通过对老汉的语言、动作、神态的描写，凸显了一位有威信、沉稳的老共产党员的光辉形象和有着深沉的爱的父亲的形象。比如，通过体会"盯着""冷冷地说"等词语，显现了老汉在洪水面前镇定、无私的形象，还有"突然冲上前""用力把小伙子推上木桥"来凸显老汉无私又无比深沉的父亲形象。

（二）成功之处

在教学这一课的时候，笔者觉得自己还是比较成功的。现在把成功的几个方面总结如下：

1. 情感渲染。这是一篇情感性较强的文章，要想让文本感动学生，教师必须先被文本感动。所以，在这节课中，笔者把自己独特的人生体验融入文本，努力创设良好的环境，使文本、学生、教师三者融为一体。

2. 以"读"为主线，引导学生自主感悟。在教学中，笔者通过抓重点词句让学生反复诵读，层层深入地读。特别是抓住"洪水不断上涨的三个阶段，老汉的每个举动"，感受他在危急时刻将生的希望留给别人，将死的危险留给自己的精神与人格。所以，本节课激起了学生情感共鸣，真正有所感悟。

（三）不足之处

在教学中力求让学生通过读来感悟课文，但是因为在课堂上对语言文字的挖掘多了一些，让学生体会读就少了一些；教师的点拨多了一些，学生的自悟少了一些。由于前面花的时间太多，没有点透，也是遗憾之处。

（四）改进措施

通过这节课，笔者感受最深的是教师要想把一篇课文教好，必须深入解读文本。教师解读文本的程度越深，领悟文本的含义就越透彻，对课堂的驾驭能力也就越强。

《少年闰土》第二课时教学设计与反思

（人教课标实验版小学语文六年级上册第17课）

全锦英

【教学概说】

　　《少年闰土》是人教课标实验版小学语文六年级上册第五单元"初识鲁迅"中的一篇精读课文，节选自鲁迅的短篇小说《故乡》。通过"我"的回忆，刻画了一个知识丰富、聪明能干、活泼可爱的海边农村少年的形象，表达了"我"与闰土的友谊及对他的怀念之情。这篇课文先写"我"记忆中的闰土，接着写与闰土相识、相处的过程。重点写了闰土给"我"讲雪地捕鸟、海边拾贝、看瓜刺猹和看跳鱼儿四件事，最后写两人的分别和友谊。

　　课文写的是少年时代的事情，学生容易产生共鸣。但由于时代不同，对一些含义深刻的句子很难理解，教师要注意指导。

【教学目标】

（一）知识目标

引导学生继续学习课文，了解少年闰土的故事，体会作者的思想感情。

有感情地朗读课文，理解含义深刻的句子。

（二）能力目标

1.通读课文，提高阅读速度，培养学生进行探究性学习的能力。

2.引导学生在品读关键句段中体会人物特点，领会文本表达的思想感情。

（三）情感目标

感受闰土这一人物形象，了解闰土是个聪明、能干、活泼可爱的农村少年，理解作者对闰土的特殊感情。

【教学重难点】

重点：

1. 抓住描写闰土的外貌、语言、动作的句子，体会闰土这个人物的特点。

2. 通过理解含义深刻的句子，体会"我"的思想感情变化。

难点：理解含义深刻的句子，揣摩人物的特点，体会课文的表达方法。

【教学策略】

以读代讲，体会人物形象，扩大自主学习的选择余地，学生学得积极、主动。在学习过程中，通过主要问题，学生自读课文，说说自己的体会，然后交流感受，给学生提供自主学习的空间和时间，鼓励学生说出独立的见解和感受，促使学生从多种角度理解课文的人文内涵。

重视小组合作。小组合作学习方式的引入，会更好地促进学生合作、探究等能力的培养。笔者在教学过程中设计了一些有利于促进学生主动探究知识，有利于集体研究，促进讨论学习的问题让学生在小组内进行合作、交流、展示。通过这种形式，提高学习效率，培养合作意识和团队精神。

【教学过程】

（一）整体感知，复习引入

1. 上节课我们认识了一个和我们年龄相仿的朋友，他就是——闰土。

2. 初次见面时，"我"看到的闰土是这样的——"他紫色的圆脸……"通过作者的描述，你认识了一个怎样的闰土？谁能说说？（板书：健康、活泼、可爱）

设计理念：对课文进行整体回顾，温故知新。简洁、明了的板书，让学生了解这节课的主线，使学生自然进入语文课的学习，起到事半功倍的效果。

（二）小组合作探究，品悟闰土个性

1. 同学们对上节课的内容掌握得不错，这节课我们继续深入学习这篇课文，进一步体会闰土的个性特点。

2.（出示课件，引导学生看图）图上的人在干什么呢？谁是"我"？谁是闰土？闰土是怎么说的？"我"是怎么听的？

3. 出示自学要求，小组合作探究。

（1）快速默读课文6～16自然段，说说闰土跟"我"讲了哪些稀奇的事？用小标题的形式概括出来。（生汇报，师板书：雪地捕鸟、海边拾贝、看瓜刺猹、看跳鱼儿）

（2）那么，在这几件稀奇事中，你对哪件事最感兴趣？请在小组中先交流你最感兴趣的那件事，然后有感情地朗读你喜欢的段落，最后说说你的感悟。

设计理念：引导学生运用原来学过的概括小标题的方法，用简练的语言概括闰土向"我"介绍了哪几件事。小组合作交流学习是一种重要的讨论交流的方式。通过这种形式，使课堂教学变得更有活力和生机，有利于在互动中提高学习效率，有利于培养合作意识和团队精神。

（三）小组汇报，随机点拨

1. 好，大家交流得很积极，应该可以汇报了吧。谁来说说，你最感兴趣的是哪件事？（指几名学生说，并追问为什么喜欢）

2. 文中哪件事给"我"的印象最深刻？（看瓜刺猹）为什么？（预测：因为这件事最惊险、最刺激，又是作者写得最详细的）

3. 那么，我们首先看看闰土是怎样看瓜刺猹的吧。（课件出示相应的段落，全班齐读）

4. 你从这件事中体会到闰土是个怎样的孩子？（机智勇敢）还体会到什么？你从哪些文字体会出来的？找出相关的词语说说你的理由。

5. 师生交流：抓住动词"捏""走""刺""奔""窜"来体会闰土的机智勇敢和见多识广。

（1）闰土在什么时候"看瓜刺猹"？

（2）结合个人想象，描述闰土"看瓜刺猹"的场景。

（3）个别读，小组赛读，男女生读。引导学生读出怎样的场面。（刺激、惊险）

6. 这就是"我"印象中最深刻的一件事。所以虽然30年过去了，但是当"我"回忆往事，却仿佛那一幕才刚刚经历，就在眼前一样。（出示"看瓜刺猹"图）让我们再一次充满感情地读一读课文的第一段话。学生一边读，一边想象画面。（配乐朗读）

7. 小结："看瓜刺猹"这部分我们是怎么学的？（课件出示：读句子—找

词语—说体会—想象画面）

8.自学其他几件趣事。

设计理念：这个环节是入境的。教师引导学生通过品析重点词句、图文结合、发挥想象进入情境，通过多种形式的朗读，如同桌互读、指名朗读、师生对读等来指导学生有感情地朗读课文，让学生在读中感受闰土机智勇敢的个性。最后总结学习方法，为学习下文做好准备。

（四）跳出文本，能力迁移

1.汇报："雪地捕鸟"。

（1）全班齐读，个别读。

（2）请找出描写动作的词，从这些动词中你体会到了什么？你还有什么发现？（学生找出相关的词语）

① 从"扫出空地、支起短棒、撒下秕谷、一拉"等词语中可以看出闰土是一个怎样的孩子？

② 这些鸟你见过哪几种？你从中体会到了什么？（种类繁多，理解省略号表示的意思）你还有什么发现或者不明白的？

③ 朗读指导。想象：闰土在讲这件事时带着怎样的神情？我们读时要读出怎样的情感？那么，看着屏幕上的动态图，想象雪地捕鸟的画面。

汇报："海边拾贝""看跳鱼儿"。

文中说闰土除了会看瓜刺猹、雪地捕鸟以外，还写了什么？

简略学习"海边拾贝"和"看跳鱼儿"。学生说体会。（板书：生活丰富多彩）

指导朗读，体会。

2.小结：多有趣，多稀奇的事呀！透过这些事，让我们认识了一位怎样的少年闰土呢？（看板书：机智勇敢、聪明能干、见多识广、生活丰富多彩）

设计理念：变教给学生知识为教给学生学习方法，牢牢地抓住教学过程中的方法线索。"授人以鱼不如授人以渔"，教学中有机地融合理解词语的方法、理解句子的方法和体会人物形象的方法。

（五）解疑释惑，升华认识

1.听了闰土的话后，"我"有什么感受？找出表示"我"的感受的句子。

感受一：

"我素不知道天下有这么多的新鲜事：海边有如许五色的贝壳；西瓜有这样危险的经历，我先前单知道它在水果店里出卖罢了。"

感受二：（重点理解）

出示句子："啊！闰土的心里有无穷无尽的稀奇的事，都是我往常的朋友所不知道的。他们不知道一些事，闰土在海边时，他们都和我一样只看见院子里高墙上的四角的天空。"

2. 小组交流：

"我""往常的朋友"都是些什么人？（富家子弟等少爷们）

"只看见院子里高墙上的四角的天空"是什么意思？（在一个小天地里活动，如井底之蛙，看不见更广阔、更生动的外面世界）

这一自然段表达了"我"怎样的思想感情？（对闰土的佩服，对自己所处环境的不满和对农村丰富多彩生活的向往）

3. 大家想象一下，他那无穷无尽的稀奇事还会有哪些？（比如：池塘捕鱼、捉泥鳅……）

4. 是啊，闰土的心里有着无穷无尽的新鲜事，是说也说不完的。他就是这样一个机智勇敢、聪明能干、见多识广的农村少年。你们佩服他吗？羡慕他吗？

如果是"佩服"，该怎么读？

如果是"羡慕"，该怎么读？

5. 小结：正因为这样，"我"才把少年闰土看作难得的好朋友。虽然"我们"才相聚了一个月，却建立了深厚、真挚的友谊。30年来，"我"一直都没把闰土"看瓜刺猹"的情景忘却，一想起闰土，脑海里马上就出现了这个美丽又神奇的画面（出示"看瓜刺猹"图）。让我们再一次充满感情地读一读课文的第一段话。

设计理念：突破难点，化繁为简，深化闰土的形象。"四角的天空"历来就是教学的难点，在本课教学中注重学生对闰土形象认识的步步深入，情感体验的层层铺垫，以想象、对比、结合生活实际等方式，巧妙地让学生以作者和闰土的视角设身处地地去思考、去感受，从而在学习过程中水到渠成地体会句子表面的意思和句子背后的深刻含义，深入感悟闰土的形象。

（六）争辩研读，解放课题

1. 在当时社会，如果要你选择，你会选择做闰土还是书中的"我"呢？为什么？分甲乙双方来争辩。（学生自由发挥）

2. 假如我们要了解更多的事情，应该怎么做？（学生自由说，师指导：多读课外书、看电视、去旅游、上网）

设计理念：引争辩活动于课堂之中，不仅激发了学生参与的兴趣，而且使学生的参与变得真情投入。他们的情感、兴趣、个性、思维、人格等在争辩交流中得以反映，充分展示学生的心灵自由，在争辩中进行自主的语言实践活动。同时让学生明白，要增长见识，就要拓宽自己的知识面，就要多与大自然接触，更要多看书。

（七）观看插图，想象表演

1. 闰土为"我"打开了一扇窗，让"我"看见了一个多姿多彩的世界。"我"多么想再和他相处几天，再听听那些新鲜有趣的事呀，可惜"我们"却要分手了。他们分手时是怎么做的？

2. 读一读第17自然段。看课文插图，他们会怎样话别呢？请同学们展开想象，把自己想说的话写到练习本上。

3. 汇报，指名学生说一说。

4. 同桌分角色想象表演。（板书：难舍难分）

设计理念：充分利用课文插图，使静止的画面生动起来，课程标准中指出："作文教学要与阅读教学密切配合。"及时的小练笔，不仅训练学生的写作能力，而且能够体会作者和闰土的依依不舍之情。

（八）推荐阅读

课文最后说他们从此没有再见面，其实30年后，他们又见面了，不过30年后的闰土改变太大了，究竟是什么原因使他发生改变的呢？有兴趣的同学，请去找找鲁迅的小说《故乡》来读读吧！

设计理念：对文本进行拓展和延伸，展示中年闰土的形象。该环节设计，让学生了解30年后的闰土贫穷、衰老、麻木、唯唯诺诺，与少年时聪明能干、见多识广、机智勇敢、知识丰富的闰土判若两人，从而激发学生对中年闰土的兴趣，对语文的热爱，对知识的渴望和对文学的追求，拓展了语文教学的空间，增加了教学的厚重感。

【板书设计】

17.少年闰土

雪地捕鸟　　聪明能干

看瓜刺猹　　机智勇敢

海边拾贝　　见多识广

看跳鱼儿　　知识丰富

【教学反思】

这是笔者上的一节汇报课，听课的有广东省名师工作室主持人凌琳老师和工作室的其他成员，还有端城小学的部分老师。课上完了，虽得到部分老师的称赞，可笔者知道这节课存在的问题还是挺多的。

（一）亮点

1. 复习导入，做到温故而知新，培养学生的概括能力

上课开始，笔者首先对课文前半部分进行整体回顾，让学生温故知新，并让学生概括上节课学过的内容，学生的概括能力得到了培养。接着简洁、明了的板书，让学生了解这节课的学习内容，学生自然进入语文课的学习。

2. 研读课文，培养学生自读自悟的能力

研读前，笔者先让学生说说自己最感兴趣的是哪件事，并简单地说说为什么喜欢。接着以"说说哪件事是'我'印象最深刻的"为切口，让学生自主研读。笔者创设情境，让学生看着图片感知故事描绘的情景，接着引导学生抓住文段中的动词来体会闰土"看瓜刺猹"时的机智勇敢和见多识广，然后引导学生用各种方式来读文段，读出惊险、刺激的刺猹场面。当学生了解了看瓜刺猹的趣味何在之后，笔者引导学生返回第1自然段，感受看瓜刺猹给"我"的印象之深刻。这样，通过引导学生品析重点词句、图文结合、发挥想象来进入情境，通过多种形式的朗读，如同桌互读、指名朗读、师生对读等指导学生有感情地朗读课文，让学生在读中感受闰土机智勇敢的个性。最后总结学习方法，为学习下文做好准备。

在教学"雪地捕鸟"时，笔者引导学生用学习"看瓜刺猹"的方法学习。先引导学生找出闰土捕鸟的几个动作，通过笔者的启发，学生在反复品读之后，体会闰土是一个聪明能干有见识的少年。教学中，笔者还注意引导学生学会质疑，"你还有什么发现或者不明白的？"引导学生认真读文，找出自己不理解的内容。细心的学生不难发现，最后一句的标点用法与平时的用法不同。这时，老师适当地加以引导，学生的疑问就解决了。

3. 突破难点，化繁为简，深化闰土的形象

"四角的天空"历来就是《少年闰土》教学的难点，在本课的教学中，笔者注重学生对闰土形象认识的步步深入，情感体验的层层铺垫，采用想象、对比、结合生活实际等方式，巧妙地让学生以作者和闰土的视角设身处地地去思考、去感受，从而在学习过程中水到渠成地体会句子表面的意思和句子背后的深刻含义，深入感悟闰土的形象。

4. 争辩研读，解放课题

在学完文章后，笔者设计了问题："在当时社会，如果要你选择，你会选择做闰土还是书中的'我'呢？为什么？"分甲乙双方来争辩（学生自由发挥），引争辩活动于课堂之中，不仅激发了学生的参与兴趣，而且使学生进行自主的语言实践活动。同时让学生明白，要增长见识，就要拓宽自己的知识面，就要多与大自然接触，更要多看书。

5. 观看插图，想象表演

课文最后写到闰土与"我"的分别和友谊，笔者引导学生看课文插图，思考：他们会怎样话别呢？请同学们展开想象，把自己想说的话写到练习本上。可惜因为时间原因，只让个别学生随便说说了事。

6. 推荐阅读，激发兴趣

课文最后，笔者创设了问题，然后向学生推荐了小说《故乡》，对文本进行了拓展和延伸，展示了中年闰土的形象。该环节的设计，让学生了解30年后的闰土贫穷、衰老、麻木、唯唯诺诺，与少年时聪明能干、见多识广、机智勇敢、知识丰富的闰土判若两人，从而激发学生对中年闰土的兴趣，对语文的热爱，对知识的渴望和对文学的追求，拓展了语文教学的空间，增加了教学的厚重感。

在这节课中，笔者的教学思路比较清晰，步步突出重点，慢慢解决难点。重点是文中闰土所讲的四件事，难点是体会句子的含义。

（二）存在的问题

1. 整堂课的容量安排得有点大。正因为容量过大，导致后半部分的教学任务没有很好地落实。特别是对"话别"部分，分角色表演没有落实到位。

2. 提问学生时，有出现反复引导的现象。

3. 教学中词语理解渗透得还不够。

4. 虽然有学法的指导，但是没有落实到位。阅读教学还停留在面面俱到、串讲串问的传统做法上。

5. 板书的字体不够工整。

人无完人，课无完课。今后笔者会针对自己上课存在的问题进行整改，以"完美的课"作为自己的奋斗目标，继续努力地听课、评课，提高自己的教学水平。

《枫桥夜泊》教学设计与反思

（统编版小学语文五年级上册第20课《古诗词三首》之《枫桥夜泊》）

谢德勇

【教学概说】

《枫桥夜泊》是唐代诗人张继的作品。诗人因局势动荡流落异乡，在途经苏州寒山寺外时触景生情，写下了这首诗，表达了自己的羁旅之思、家国之忧、思乡之愁以及乱世尚无归宿之虑。诗中尽显凄凉之意，是写"愁"的代表作。首句写了"月落、乌啼、霜满天"三种景象。"月落"时大约天将晓，作者还无法入眠，树上的乌鸦也发出啼鸣，声音凄厉，霜气满天浸肌砭骨。第二句写"江枫"瑟瑟，落叶飘零，"渔火"闪闪，忽明忽暗，正如作者那样生活漂泊不定，居无定所。"江枫""渔火"一静一动，一暗一明，构成一幅幽美的江中夜景，带着旅愁的诗人一夜未眠。前两句写了六种景象，"月落""乌啼""霜满天""江枫""渔火"及泊船上一夜未眠的客人。后两句只写了姑苏城外寒山寺，夜半的钟声传到船上的情景。前两句是诗人看到的，后两句是诗人听到的，在静夜中忽然听到远处传来悠悠的钟声，这"夜半钟声"声声敲打着愁眠，声声陪伴着愁眠，声声抚慰着愁眠。诗人卧听钟声时的种种难以言传的感受也就尽在不言中了。全诗有声有色，有情有景，情景交融。

【教学目标】

1. 有感情地朗读诗歌，背诵、默写。
2. 通过对诗句的诵读感悟，体会诗中描绘的秋色和诗人抒发的感情。
3. 借助注释，体会诗句中的静态描写和动态描写，想象诗句描绘的景象。

【教学重难点】

重点：有感情地朗读、背诵诗歌并理解诗句意思。

难点：通过诗句体会诗人孤寂忧愁之情。

【教学过程】

（一）导入新课，激情引趣

1.师述：在学习古诗之前，先请大家看一幅图。

2.出示课件：现代苏州枫桥图片。

3.师述：这是苏州一座很有名的桥，叫枫桥。凡是来苏州的游客，都要来这里领略一下枫桥的诗情画意。其实，枫桥只是一座在江南非常常见的单孔石拱桥，为什么有那么多游客慕名前来呢？原因是一首诗！想知道是一首什么诗让一座普通的桥闻名天下的吗？今天我们就来学学这首诗。

揭题：枫桥夜泊。齐读课题。

4.解题。

（1）指导"泊"的读音。

理解"泊"的读音及意思。

（2）生理解《枫桥夜泊》题目的意思。

（3）简介写作背景：安史之乱后，诗人张继因局势动荡流落异乡，在途经苏州寒山寺外时触景生情，写下了《枫桥夜泊》这首诗，表达出自己尚无归宿，心中更是孤寂，思乡忧国之愁。诗中尽显凄凉之意。

（4）简介张继。

师：这首《枫桥夜泊》到底有什么样的魅力呢？今天老师带大家走进《枫桥夜泊》，一起去感受感受。

设计理念：本环节从引导学生观察一张普普通通的枫桥图片入手，进而了解作者张继，仅《枫桥夜泊》一首古诗便使作者名留千古，而枫桥、寒山寺也拜其所赐，成为远近闻名的游览胜地，引起了学生的好奇心，激发起学生的学习热情。

（二）检查朗读，指导朗读

1. 自读这首诗。

出示：

（1）自读古诗。结合注释，诵读古诗，把古诗读正确、读流利。

（2）思考诗中描绘了哪些景物，想象作者在诗中描绘的画面，体会画面给自己带来的感受。

2. 抽生读。（读准确）

3. 老师划好节拍并示范读。

> 月落/乌啼/霜/满天，
>
> 江枫/渔火/对/愁眠。
>
> 姑苏/城外/寒山/寺，
>
> 夜半/钟声/到/客船。

4. 师生合作朗读这首诗。（读出节奏和韵律：读诗，不仅要读出节奏、读出味道，更要读出感觉）

设计理念：本环节主要是指导学生朗读古诗，学会朗读诗歌。在把古诗读正确、读流利的基础上读出节奏和韵律，进而读出味道，读出感情。

（三）走进诗歌，感悟诗歌

师：诗句中有一个词直截了当地向我们传递出作者的情绪，是哪个词？（愁眠）

"愁眠"是什么意思？（因为忧愁而睡不着觉）

愁眠哪愁眠，因为愁眠，这个晚上张继看到了什么？我们一样一样地说，读读第一句诗，看到了什么？

（板书：月落）

过渡：因为"愁眠"，张继看着月亮渐渐地落下。当月亮完全落下的时候，天地之间，一片幽暗，一片朦胧。在一片幽暗和朦胧中，诗人在江边看到了什么？

（板书：江枫）

过渡：落叶飘零，江枫瑟瑟。多么凄清、多么孤寂的画面哪！那么，诗人在江中又看到了什么呢？

（板书：渔火）

过渡：愁眠哪愁眠，因为愁眠，张继又听到了什么？（板书：乌啼）

过渡：当乌啼声飘过，茫茫秋夜反而变得更加沉寂。又听到了什么？（板书：钟声）

是的，姑苏城外寒山寺的夜半钟声。

过渡：看到了，听到了，愁眠哪愁眠，因为愁眠，张继还感受到了什么？（板书：霜满天）

师（指着板书）：大家看，月落是景，乌啼是景；江枫是景，渔火是景；霜天是景，钟声是景。这里既有动景也有静景，都围绕着（愁眠）。

师（指着板书）：动景有哪些？静景又有哪些？（静景：月落、江枫、霜满天；动景：乌啼、渔火、钟声）

作者动静结合，以动衬静描写景物，绘制了一幅朦胧静谧、清冷幽美的江南水乡秋夜图，抒发了自己的愁绪。

（板书：动静结合、以动衬静）

设计理念：本环节围绕本单元"四时景物皆成趣"主题，通过"愁眠"这个诗眼，引导学生学习古诗，感悟诗歌。了解作者是通过什么景物抒发自己的愁绪的，体会作者通过动静结合、以动衬静描写景物表达情感的方法。

（四）发挥想象，改编诗歌

1. 出示（分发学习单）：发挥自己的想象，将《枫桥夜泊》改写成一篇小短文。

深秋的夜晚，诗人把船停泊在枫桥边，＿＿＿＿＿＿＿＿＿＿＿＿＿＿＿

＿＿＿＿＿＿＿＿＿＿＿＿＿＿＿＿＿＿＿＿＿＿＿＿＿＿＿＿＿＿＿＿＿

＿＿＿＿＿＿＿＿＿＿＿＿＿＿＿＿＿＿＿＿＿＿＿＿＿＿＿＿＿＿＿＿＿

＿＿＿＿＿＿＿＿＿＿＿＿＿＿＿＿＿＿＿＿＿＿＿＿＿＿＿＿＿＿＿＿＿

要求：按照一定的顺序描写景物，注意写出景物的动态变化，使画面更加鲜活。

2. 学生习作，教师巡视指导。

3. 师生评议学生习作。

设计理念：本环节指导学生学以致用，将古诗改编成一篇小短文，凸显本单元"按照一定的顺序描写景物，注意写出景物的动态变化，使画面更加鲜活"这一习作训练点。

（五）课堂延伸，拓展升华

引出几首即景抒情诗歌，让学生朗读体会诗人"动静结合、以动衬静"描写景物表达情感的方法。

> 静夜思
> 【唐】李白
> 床前明月光，疑是地上霜。

> 泊船瓜洲
> 【宋】王安石
> 京口瓜洲一水间，钟山只隔数重山。

> 夜雨题寒山寺寄西樵、礼吉
> 【清】王士祯
> 枫叶萧萧水驿空，离居千里怅难同。

设计理念： 本环节将课堂延伸到课外，荐读几首即景抒情诗歌，通过朗读，进一步体会诗人"动静结合、以动衬静"描写景物表达情感的方法。

（六）作业

1. 积累描写秋天的古诗，收集写"愁"的名句。

2. 背诵并默写《枫桥夜泊》。

【板书设计】

枫桥夜泊
【唐】张继

静景：月落 枫桥 霜满天 ⎫
　　　　　　　　　　　　　⎬ 愁眠
动景：乌啼 渔火 钟声 ⎭

（动静结合、以动衬静）

【教学反思】

《枫桥夜泊》一课，笔者在凌琳老师的指导下一改以往解词释句、诵读感悟的常规教法，而是围绕本单元"四时景物皆成趣"主题，通过"愁眠"这个诗眼，引导学生学习古诗，了解作者是通过什么景物抒发自己的愁绪的，体会作者通过动静结合、以动衬静描写景物表达情感的方法。然后，指导学生学以致用，将古诗改编成一篇小短文，凸显本单元"按照一定的顺序描写景物，注意写出景物的动态变化，使画面更加鲜活"这一习作训练点。最后引出几首"即景抒情"的诗歌，通过朗读进一步体会诗人"动静结合、以动衬静"描写景物表达情感的方法。课堂效果明显。

在课堂引入环节，笔者通过"有一首诗，让一位诗人名垂千古，让一个城市名扬天下，让一座桥梁成为当地300余座名桥之首，让一座寺庙成为中外游人向往的胜地，这首诗就是唐代诗人张继写的《枫桥夜泊》"这样一段话激起学生对《枫桥夜泊》的阅读兴趣，紧接着又以教师的范读，把学生带入古诗，让学生产生自己也想试试的迫切愿望。

在理解诗意、体会诗情环节，笔者紧紧抓住诗句"江枫渔火对愁眠"中的"愁眠"展开教学，找准了这首古诗的感情基调。紧扣诗眼，抓住"作者看到什么，听到什么"这个问题，引导学生深入地学习古诗。引导学生通过月落、乌啼、霜满天、江枫、渔火、钟声等有静有动、有暗有明、有声有色的景物，感受诗人此时的孤独、凄凉、寂寞。此时的愁既有羁旅之思、家国之忧、思乡之愁，又有乱世尚无归宿之虑。然后进一步体会"动静结合、以动衬静"描写景物表达情感之妙。层次分明，循序渐进，为下一步改编诗歌做好了铺垫。

在改编诗歌环节，由于有了前面的铺垫，为学生的写作扫清了障碍，出现了很多不错的作品。

课后在与凌琳老师的交流中，让笔者看到了不足之处：许多学生的作品还没离开照搬诗歌句意的套路，缺乏想象和创意，还没达到"改编诗歌"的真正目的。这跟笔者在课堂上对学生的关注不够有关，对改编诗歌的真正目的认识不到位有关，其实改编诗歌也是为了更好地引领学生走进诗歌、感悟诗歌，学习"动静结合、以动衬静"写景抒情的方法。倘若关注到位，认识到位，课堂上加以适当引导，收效肯定不一样。

《我的"长生果"》教学设计与反思

（统编版小学语文五年级上册第26课）

伍慧媚

【教学目标】

1. 认读课文中的15个生字，正确书写本课词语。

2. 用较快的速度默读课文，说说作者回忆了自己读书的哪些经历，作者认为什么样的书才是好书。

3. 通过多种形式的读，把握文章主要内容，体会作者悟出的道理。

4. 学会一些读书和习作的方法。

【教学重难点】

1. 读懂课文内容，结合自己的生活实际体会"长生果"的寓意，并学习作者读书和写作的方法。

2. 理解"读书好，多读书，读好书"的深刻内涵。

【教学准备】

课件。

【教学过程】

（一）复习导入新课

1. "第一要有志，第二要有识，第三要有恒"是曾国藩告诉我们的读书"三要"，"敏而好学，不耻下问"是《论语》中提到的，"读书有三到，谓心到，眼到，口到"出自朱熹的《训学斋规》，"读书好，多读书，读好书"

是冰心奶奶给予我们的启示。今天我们再来学习一篇课文。（出示课题）学生思考："长生果"是什么意思？文中指的是什么？生："长生果"的意思是吃了让人不会变老的果子，文中指书。

2. 为什么说书是"长生果"？学完这篇课文，我会请同学来解决这个问题。

设计理念：通过复习导入，学生对"长生果"有了初步的认识，可以进一步理解冰心老人所说的"长生果"的含义。

（二）自读阅读提示，明确本课的学习任务

1. 这是一篇略读课文。学习略读课文时，阅读提示很重要，请同学们默读阅读提示，把本节课需要完成的学习任务画出来。

课件出示：

（1）用较快的速度默读课文，说说作者读过哪些类型的书。

（2）作者从童年读书、作文中悟出了哪些道理？

2. 学生交流学习任务。

3. 把自己感受较深的部分多读几遍，并和同学交流体会。

设计理念：培养学生默读阅读提示的习惯，明确本节课需要完成的学习任务。

（三）自读自悟

1. 现在请同学们带着这两个学习任务快速地默读课文。

2. 接下来我们对生字进行一次简单梳理，里面有个多音字，需要注意一下。

课件出示生字：

喻 差 瘾 奔 籍 饥 偿 甸 馈 磁 委 酵 皎 鉴 沥

重点讲解："酵"读"jiào"，不读"xiào"。

3. 厘清作者读书的几件事。

（1）生字会读了，我们就来解决第一个学习任务。

我们先来看作者读书的那几件事，用表格的形式进行梳理。请同学们看屏幕，这里有一张表格。左边填写书得来的方式，右边填写读的书。表格的第一行我们一起做。比如，从第3自然段，我们知道最初的时候，作者看的是——（小画片）对，像这样，把表格填起来。接下来请同学们自学。默读课文，把表格填完整。

课件出示阅读表1：

表1 作者读书表

书得来的方式	读的书
借阅小伙伴	"香烟人"的小画片
借读小学美术老师的、哥哥的，朋友们送的	真正的连环画：《七色花》《血泪仇》《刘胡兰小传》《卓娅和舒拉的故事》《古丽雅的道路》
小镇文化站	文化站里面的文艺书籍
校图书馆	古今中外的大部头小说

（表格除了第一行，其他内容根据学生的回答逐个出现）

（2）师生交流。

（3）梳理表格：请大家看这张表格。

最初的时候，作者看的是——（"香烟人"的小画片）；后来，她感到不过瘾，开始看——（真正的连环画）；渐渐地，连环画也不能让她满足了，她开始借阅——（文化站里的文艺书籍）；再后来，她就读——（校图书馆里的中外名著）。从这张表格中，你发现了什么？

生：看书不仅要循序渐进，由浅入深，而且要广泛阅读。

（4）请找一段你最喜欢的段落，大声读两遍，在感受最深的地方，做一个批注，等会儿我们进行交流。

（5）看来同学们都会自学了，你们交流得很不错。那从刚才的交流中，你学到了什么？

生：作者热爱读书，而且读得很用心。她阅读的范围与深度在不断地增加，由囫囵吞枣、不求甚解到养成做读书笔记的习惯。

4.厘清关于作者写作文的两件事。

（1）刚才我们用一张表格梳理了作者读书的几件事，现在我们再用另一张表格来梳理作者写作文的几件事。这张表格也有两列，左边填作文的题目，右边填作者受表扬的原因。首先，大家一起来看看，作者写了哪两篇作文？（《秋天来了》和《一件不愉快的往事》）

（2）作者写这两篇文章受到了老师的表扬，得到了肯定。那么，得到肯定的原因分别是什么呢？请同学们带着这个问题默读8～14自然段，概括出作者得到肯定的原因。

（3）让我们一起看看作者是怎样把文章写得别出心裁的。（别人都是怎么写的？作者呢？）

课件出示：

当大多数同学千篇一律地开始写"秋天来了，树叶黄了，一片一片地飘到了地上"时，我心里忽然掠过了不安分的一念：大家都这样写多没意思！我要用自己的眼睛去看秋天，用自己的感受去写秋天。

我把秋天比作一个穿着金色衣裙……

（4）再来看第二篇作文《一件不愉快的往事》，这篇作文又是为什么得到表扬的？

（小时候的委屈是"我"实在经历过的感受，是实感；写着写着，"我"不禁眼泪汪汪，这是"我"的真情流露。所以"我"的这篇文章又得到了好评，还被贴在教室的墙上）

（5）下面请大家一起看一看表2，体会作者受到表扬的原因。

课件出示：

表2　作者受到表扬的原因

作文名	受到表扬的原因
《秋天来了》	构思别出心裁，落笔有与众不同的"鲜味"
《一件不愉快的往事》	虽然借鉴了巴金的《家》，但作文写出了自己的真情实感，是自己呕心沥血的创造

5. 发现读写的关系：

（1）刚才我们填写了两个表格。表1呈现了作者读书的历程，表2是关于写作文的几件事。两个表格放在一起，你发现了什么？

（2）师小结：是啊。所以我们说"读书破万卷，下笔如有神"。只有平时广泛地阅读，有意识地积累，我们在写作的时候才能够信手拈来，并且将文章写得精妙绝伦。

设计理念：表格简洁明了，更适合学生自主学习。通过读书与习作的对比，让学生明白读书与写作之间的关系，更好地促进学生爱读书，会读书，会写作。

（四）积累词语

课文中有很多的四字词语，让课文更加生动、优美。请同学们自由朗读课文，找到文章中的四字词语，做好标识，也可以把它们抄在笔记本上。

课件出示四字词语:

流光溢彩　浮想联翩　悲欢离合　津津有味　不求甚解

呕心沥血　如醉如痴　如饥似渴　千篇一律　泪落如珠

牵肠挂肚　不言而喻　念念不忘　囫囵吞枣　别出心裁

(五)理解课题

让学生说说课前提出的问题:作者为什么说书是"长生果"?长生果能使身体不老,那书能使什么不老?书能使人的精神不老,书是我们的精神食粮啊!读书能给我们带来愉悦。希望在今后的生活中,同学们都能多阅读,做一个精神富足的人。

设计理念:通过对比"长生果"与书的相同与不同之处,进而让学生明白多读书的重要性。

(六)布置作业

1.把自己读过的两本类似的书作比较,写一篇小随笔。

2.完成课后习题第3题,说明自己的观点。

【板书设计】

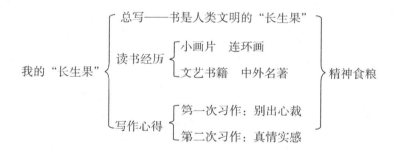

【教学反思】

《我的"长生果"》是统编版小学语文五年级上册第八组教材的一篇略读课文。在这节课中,笔者先利用前面课文学习过的名人名言,激励学生自主读书学习。教学中,要注意文本与生活实际的联系,适当地引进课外收集的资料,加深情感体验。结合收集到的资料,讨论交流读书的方法,激励学生的读书热情,让他们懂得读书之道。

（一）充分尊重学生的学习主体地位

本堂课积极调动了学生的积极性，在"预习""交流""反馈"这三个阶段都特别强调引导学生自主学习。在预习阶段，首先由学生在初读课文的基础上自学生字词，然后给出阅读表格，让学生自读自悟；在交流这个学习过程中，体现学生独到的阅读体会，一个学生汇报品读成果，其他同学一起交流探讨，在学生的自主讨论交流中提高认识，升华理解；反馈则是一个检测品读的过程，巩固了学生的学习成果。

（二）学生自读自悟

以读为本，在读中思考，在读中领悟。本节课应注意引导学生结合重点段体会作者对书的情感，对阅读的热爱，把酷爱读书这种情感贯穿始终，使得作者在书中如饥似渴地汲取营养，并不断地成长起来，所以作者在回首少年时光时才会感到那样愉悦。

（三）积累运用

引导学生细细揣摩，通过比较的方法找出适合自己读的好书。

《忆读书》教学设计与反思

（统编版小学语文五年级上册第26课）

唐丽华

【教学目标】

1. 学习本课"我会认"的生字词。

2. 初步理解课文内容，厘清课文叙述顺序。

3. 学习快速默读课文，能梳理出作者的读书经历。

【教学重难点】

学习快速默读课文，能梳理出作者的读书经历，说出对好书的看法。

【教学过程】

（一）名言导入，激发兴趣

1. 指名说说有关读书的名言。

2. PPT出示，全班齐读。

3. 板书课题，齐读，问：谁来说说题目的关键词是什么？

4. 简介作者冰心。（PPT出示）

设计理念：让学生进一步明确本篇课文依然是围绕着"读书"展开的。

（二）检查预习情况

1. PPT出示本课词语，齐读，师纠正读音。

2. 检查文中3个多音字"卷、传、着"的读音及组词。

设计理念：学生熟读词语情况，一为检查学生预习情况，二为下一环节朗读全文扫清障碍。

3.PPT出示第二单元阅读策略学习过的提高阅读速度的方法，简单回顾。

设计理念： 通过回顾复习第二单元阅读策略学习过的提高阅读速度的方法，让学生有效、有方法地读书。

（三）快速默读课文并思考

1. 课文是按照什么顺序来叙述的？用"△"标示叙述顺序的词语。

2. 作者多年读书的切身体会是什么？文中哪几句话能够概括出来？用"〜〜"标出来。其中，课文是围绕哪句话来写的？

3. 检查默读情况。

（1）指名说说课文的叙述顺序。（按时间顺序）

（2）指名说说找到的表示时间顺序的词语。（PPT出示）

（3）指名说说作者多年读书的切身体会的三个句子及中心句。

设计理念： 梳理出作者的读书经历是本节课的学习重难点，通过找一找、画一画关键词语，方便学生梳理出作者的读书经历。

（四）回顾本单元学习要素

1.各自默读课文。

2.发放学习单，师生共同完成七岁时的读书经历。

3.用同样的方法，小组讨论，合作完成其余的填空。

4.小组派代表汇报填写完成情况。

5.展示学生完成成果。

设计理念： "授之以鱼，不如授之以渔。"以例为范，先教给学生方法，然后放手让学生小组合作去完成，既发散了学生的思维，又把课堂交给了学生，体现了以教师为主导、学生为主体的课堂模式。

（五）课堂小结

教师小结梳理文章要点的常用方法。

设计理念： 更牢固地掌握梳理文章要点的常用方法。

（六）作业布置

按照时间顺序，用分列式梳理作者的读书经历。

【板书设计】

26.忆读书

读书经历 ⎧ 童年 ⎫
　　　　　⎨ 中年 ⎬ 快乐
　　　　　⎩ 老年 ⎭

【教学反思】

　　《忆读书》是统编版小学语文五年级上册第八单元第二篇讲读课文。本单元的人文主题是"书山有路勤为径"，有两项语文要素的学习训练，分别是"阅读时注意梳理信息，把握内容要点"和"根据表达的需要，分段表述，突出重点"。根据本单元的语文要素训练要求，笔者在设计本节课的学习目标时主要以"阅读时注意梳理信息，把握内容要点"为学习重难点。

　　为了完成重难点的学习，笔者主要分三步来完成：一是通过回顾第二单元阅读策略学习过的提高阅读速度的方法，让学生在阅读时有方法快速地读文；二是通过找表示顺序的词语，画出文章的中心句，初步梳理课文的叙述顺序，明确课文的主要内容；三是以表格的方式进行课文内容的梳理，以作者"七岁时"的读书经历为例，师生共同完成，然后让学生以小组合作的方式完成作者其余的读书经历，达到"阅读时注意梳理信息，把握内容要点"这一训练要素的目的。

　　本节课笔者是在德庆县孔子学校上的，这所学校处处蕴含和散发着浓浓的文化底蕴，同时这也是一座充满现代气息的新建学校。这里的学生全部是从各乡镇来的"新生"，课前虽已有所了解，但真正在课堂上上课时才发现，自己对课堂的组织与掌控能力还有待提高。

《"凤辣子"初见林黛玉》教学设计与反思

（人教课标版小学语文五年级下册第七单元《人物描写一组》之
第22课《"凤辣子"初见林黛玉》）

谢德勇

【教学概说】

《"凤辣子"初见林黛玉》是人教课标版五年级下册第七单元《人物描写一组》中的第三个片段描写。本组教材以"作家笔下的人"为专题，采取了不同的手法，刻画了一系列鲜活的人物形象。本组课文的教学重点是指导学生感受作家笔下鲜活的人物形象，体会作家描写人物的方法，并在习作中加以运用。本篇课文节选自《红楼梦》第三回，重点写的是林黛玉初进贾府，与"凤辣子"王熙凤见面的经过。通过对这一见面过程的描写，向我们展示了一个泼辣张狂、善于阿谀奉承、喜欢使权弄势、炫耀特权和地位的王熙凤的形象。课文通过两个方面的描写，展现了王熙凤的性格特征，一是从正面对王熙凤的描写，二是从侧面对王熙凤的描写。

【教学目标】

1. 能把课文读准确、读通顺。

2. 抓住课文中刻画王熙凤的语言、外貌、动作的语句，进一步感受王熙凤的性格特点。

3. 通过课文学习，激发学生阅读《红楼梦》的兴趣。

【教学准备】

教学课件。

【教学重难点】

重点：品读人物的语言、外貌、动作、神态描写，揣摩王熙凤的性格特征，体会作者刻画人物的方法。

难点：理解王熙凤语言的言外之意。

【教学过程】

（一）谈话导入，厘清人物关系

1. 同学们，今天我们来学习《 "凤辣子"初见林黛玉》，齐读课题。

2. 简介《红楼梦》引出主要人物（王熙凤、林黛玉、贾母）。

3. 厘清三人的关系。

设计理念：本环节是帮学生厘清文中提及的主要人物王熙凤、林黛玉、贾母的关系，知道贾母年龄最长，辈分最高，权威最大，管理着荣国府，而王熙凤深得贾母恩宠和王夫人赏识，成为贾家荣府的实际掌权者和财务管理者，为接下来的各环节做好铺垫。

（二）初读，初悟 "凤辣子"

1. "凤辣子"是什么人？贾母怎样向林黛玉作介绍的？（引出贾母的话："他是我们这里有名的泼皮破落户儿，南省俗谓作辣子，你只叫他'凤辣子'就是了。"）

2. 借助注释，理解什么是 "泼皮破落户儿"，初识 "凤辣子"。（性格放纵，不拘小节）弄懂 "性格放纵，不拘小节"的意思。

3. 贾母认为她是这样的人，那 "凤辣子"到底是怎么样的人呢？今天这节课，我们主要读读 "凤辣子"。请大家自由读课文，边读边想。

（生自由读书）

4. 指名说说并在黑板上写上学生初读的感受，如 "热情周到、漂亮富贵、能说会道、放诞无礼"等。

设计理念：本环节是帮学生初识王熙凤，从贾母对她的评价中知道她 "性格放纵，不拘小节"，然后让学生说说自己读文时感受到的，以便与接下来深悟 "凤辣子"环节中悟到的形成对比，让学生产生 "恍然大悟"之感。

（三）品读，深悟"凤辣子"

1.品外貌描写

出示句段："头上戴着金丝八宝攒珠髻，绾着朝阳五凤挂珠钗；项下戴着赤金盘螭璎珞圈；裙边系着豆绿宫绦双鱼比目玫瑰佩；身上穿着缕金百蝶穿花大红洋缎窄裉袄……"

（1）指名读。

（2）师生合作读。

（3）交流读后感受。（体会她的漂亮富贵）

出示句段："一双丹凤三角眼，两弯柳叶吊梢眉，身量苗条，体格风骚……"

（1）自由读一读，借助注释想象王熙凤的样子。

（2）说说读了这几句话，王熙凤给你怎样的感觉。

（3）小结："粉面含春威不露"，漂亮富贵中带着几分威严。这就是王熙凤带给我们的感觉。

2.品语言描写

出示句段："一语未了，只听后院中有人笑声，说：'我来迟了，不曾迎接远客。'黛玉纳罕道：这些人个个皆敛声屏气，恭肃严整如此，这来者系谁，这样放诞无礼。心下想时，只见一群媳妇丫鬟围拥着一个人，从后房门进来。"

（1）指名读。

（2）说说"放诞无礼"的意思。

（3）说说读了这几句话，王熙凤给你怎样的感觉。

（4）小结：放诞无礼的背后是炫耀自己的权威，显示自己的地位。

出示句段："妹妹几岁了？可也上过学？现吃什么药？在这里不要想家。要什么吃的，什么玩的，只管告诉我。丫头老婆们不好了，也只管告诉我。"

（1）指名读。

（2）一起来读一读，看看王熙凤关心林黛玉的哪些方面？（年龄、学习情况、身体、心情、需要）

（3）再来读读，王熙凤说这番话除了要表明对黛玉的关心之外，还有什么用意呢？

（4）小结：王熙凤这些话其实是说给老祖宗听的，她是为了讨好老祖宗，同时炫耀自己的地位。

出示句段："天下真有这样标致的人物，我今儿才算见了。况且这通身的气派，竟不像老祖宗的外孙女儿，竟是个嫡亲的孙女。怨不得老祖宗天天口头心头，一时不忘。只可怜我这妹妹这样命苦，怎么姑妈偏就去世了。"

（1）指名读。

（2）这番话太有味道了，哪些人听了会很开心呢？

（3）小结：所有人都开心哪！能说会道的背后藏着的是她的八面玲珑。

（4）学生练读，然后指名读王熙凤的话。

（5）学生分角色读，了解王熙凤"见风使舵"的性格特征。

设计理念：本环节是帮助学生深入了解王熙凤，从王熙凤的外貌、语言、动作、神态描写中感悟其泼辣张狂、善于阿谀奉承、喜欢使权弄势、炫耀特权和地位的人物性格特征，感受经典的魅力。

（四）总结全文

我们通过对王熙凤的外貌、语言、动作、神态描写对王熙凤有了一定的了解，像这样直接写王熙凤的描写叫正面描写。除此之外，从别人的话中或别人的心理活动中也能看出王熙凤的为人，这叫侧面描写。我们来找找看。

出示随堂检测：

判断下面的句子各运用了什么描写手法，将正确的序号填在括号里。

A. 正面描写　　　　　　B. 侧面描写

1. 一语未了，只听后院中有人笑声，说："我来迟了，不曾迎接远客。"
（　　　）

2. 贾母笑道："你不认得他。他是我们这里有名的一个泼皮破落户儿，南省俗谓作辣子，你只叫他'凤辣子'就是了。"（　　　）

…………

设计理念：本环节是通过随堂检测让学生了解什么是正面描写，什么是侧面描写，知道既可以从正面描写人物，也可以从侧面描写人物。

（五）激发兴趣，鼓励读整本书

同学们，经典作品就值得这样一读再读，而且是越读越有味儿。对于王熙凤这个人物，不要认为我们就解读完了。有位学者研究了一辈子《红楼梦》，最后她送给大家一句话，"恨辣子，骂辣子，不见辣子想辣子。"如果你有机会去看整本书，你可能对王熙凤的看法又有所改变。

设计理念：本环节志在激起学生阅读经典的兴趣，将课堂延伸到课外。

【板书设计】

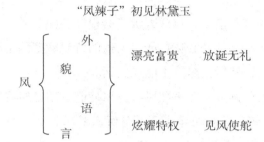

"凤辣子"初见林黛玉

【教学反思】

本节课是在2019年肇庆市中小学教师全员培训专家进校活动中，笔者作为骨干教师在德庆县实验小学上的。由于课前得到凌琳老师的指导，上课过程中能按照新课标的要求，循序渐进，一步步引导学生抓住王熙凤的外貌、语言、动作、神态，通过读中思考、感悟人物性格、感受经典的魅力，收到较好的效果，受到听课老师的好评。

在上课之初，笔者简单介绍了《红楼梦》及其作者、写作背景及课文内容，让学生对课文及背景有所了解，为接下来的学习做好铺垫。然后抓住贾母介绍"凤辣子"的话，借助注释，让学生初步感知"凤辣子"是一个不拘小节、性格放纵的人。学生们在此过程中学会了借助注释理解课文的方法，正所谓"授之以鱼，不如授之以渔"。

课中笔者引导学生反复品读，由表及里走进"凤辣子"的内心。这一环节笔者循循善诱，让学生读重点语句，逐步深入地感受和体验人物内心，学生初读课文时对王熙凤的认识被颠覆，产生"恍然大悟"之感。如提到"凤辣子"夸黛玉简直像嫡亲的孙女时，都有谁会很高兴时，同学们读课文、思考、讨论，终不得其全解。笔者告诉学生们当时贾母的几位嫡亲孙女在场，她们听了会怎么想呢？经此一问，同学们顿时豁然开朗，原来嫡亲孙女才是最高兴的，贾母当然也一起高兴啦。"凤辣子"真是八面玲珑，能说会道哇！

在随堂检测环节，通过学生思考选择，自然明白，通过外貌、语言、动作、神态直接写王熙凤的描写叫正面描写；从别人的话中或别人的心理活动中也能看出王熙凤的为人，叫侧面描写。免去了累赘的陈述，干净利落。

在课堂最后，由于学生从本课的学习中已经初步感受到了经典文学作品真的是值得这样一读再读、越读越有味道的，于是鼓励学生课后阅读《红楼梦》整本书，将课堂延伸到课外。

本节课的一个不足之处是：课堂节奏掌握得不好，没有及时调控，有些拖沓。作为语文老师，要多注意课堂节奏的把握，要提高课堂组织、调控能力，今后，自己好好总结，并在平时的课堂中多加注意，加以训练。

《牛郎织女（一）》教学设计与反思

（统编版小学语文五年级上册第9课）

陆文君

【教学目标】

1. 研读文本，走进人物的内心，体会人物的性格特点。
2. 体会牛郎、织女及老牛之间的真挚情感及对美好生活的追求。
3. 收集资料，了解牛郎织女的相关内容。

【教学重难点】

重点：研读文本，走进人物的内心，体会人物的性格特点。

难点：体会牛郎、织女及老牛之间的真挚情感及对美好生活的追求。

【教学过程】

（一）激趣导入

1. 我是大导演。

各位导演好，今天我给大家带来一个故事，这个故事将要拍成电影。为了吸引老板投资，我们需要整理一下剧本。

2. 师读：漫漫银河中，有这样两颗星星，一颗是牵牛星，一颗是织女星，他们的传说是那样令人心动……

设计理念：《牛郎织女》，很多学生都读过，如果用一般的方式讲解，将会十分乏味，为了激发学生兴趣，我们采取导演拆分故事的形式进入课文。

（二）检查预习

检查预习效果：

1. 解决本课生字词。

2. 收集资料，了解牛郎织女的相关内容。

3. 说一说你读完文章后的疑问。

（三）初读课文

小组活动出示：

1. 作为导演，故事中有几个角色？

2. 作为导演，如何选角？（找出人物性格）

3. 读了这个故事，你有什么感受？

学生汇报交流结果。

设计理念：民间故事具有本身的体裁特点，我们必须根据这种特殊的体裁，引导学生了解学习，这样的课才有语文味。

（四）精读课文

1. 作为导演，我们需要厘清人物关系：我们先借助题目看看，文章的主要人物是谁？（板书：牛郎、织女）

2. 作为导演，找出需要特写的镜头，演一演。

3. 体会织女之"决心"。

出示："织女见牛郎心眼好，又能吃苦，便决心留在人间，做牛郎的妻子。"（"决心"二字变红）

一个高贵的仙女要嫁给一个贫困潦倒的牛郎，是需要一定的勇气呀！

姐妹们，好好劝劝织女吧！（练习说话）

（演一演这一环节，既让学生过了一把导演瘾，又让学生更好地体会了故事，并且练习了口头表达能力。符合小学语文核心素养提出的要求）

（五）关于民间故事

恭喜你们得到投资方的加盟。另外，投资方还想跟你们合作中国四大民间故事的其他三个，一起了解一下：

1. 简介其他三部民间爱情故事《白蛇传》《孟姜女哭长城》《梁山伯与祝英台》。

2. 体会民间故事的特点。

民间故事就是要表达人与人之间、人与万物之间追求和谐生活与美满感情的决心，歌颂人类对美好生活的向往。

（六）拓展延伸

拍好电影，还需要更多地了解民间故事的特点。

选择一：课后可以看看我国四大民间传说：《牛郎织女》《白蛇传》《孟姜女哭长城》《梁山伯与祝英台》。

选择二：试着去创编你心中的《牛郎织女》。

【板书设计】

牛郎织女（一）

牛郎：勤劳善良

哥嫂：铁石心肠

老牛：知恩图报

织女：美丽善良

【教学反思】

这一课上完之后，孩子们聚到一起讨论这个耳熟能详的故事，这是最大的成功。在笔者看来，一个老套的故事之所以能引起孩子们的兴趣，与本课的设计有关。

首先，在设计中，"我是大导演"贯穿全文，学生的角色变了，但学习内容不变，重难点的解决却容易多了。

其次，也是因为这个故事太精彩了，环环相扣，让人读了还想读。

最后，在设计中，还有演一演这一环节，把全课推向高潮。笔者觉得，演一演可以让学生更好地剖析故事、进入故事，也就是我们说的"入戏"，感受人物。

《古人谈读书》教学设计与反思

（统编版小学语文五年级上册第25课）

苏 伟

【教学概说】

这篇课文由三篇文章组成。这三篇文章都是以古文的形式呈现的。第一篇选自《论语》，是对学习方法和学习态度的解读；第二篇是朱熹的名篇，介绍的是读书的方法；第三篇是曾国藩的文章，曾国藩通过这篇文章告诉我们，读书要有志、有识、有恒，证明三者对读书人来说缺一不可，非常重要。

【教学目标】

1. 正确、流利地朗读课文，并掌握朗读古文的方法。

2. 能借助注释等方法，用自己的话说说课文大意。

3. 能够在阅读中结合学习和生活实际，体会读书的方法和态度。

4. 背诵积累古代经典，感受中国传统文化的精髓。

【教学准备】

1. 教学设计。

2. 教学PPT。

3. 填写表格（60份）。

【教学重难点】

1. 能借助注释等方法，用自己的话说说课文大意。

2. 能够在阅读中结合学习和生活实际，体会读书的方法和态度。

【教学课时】

2课时。

【课前互动】（5分钟）

1. 自我介绍。（姓名、自称"人在草木间"）

2. 游戏——对名言。（名言出自本课的一二则，老师出上一句，学生对下一句）

3. 配乐朗诵。中国古代文化是人类历史上最悠久、最灿烂的文化之一，许多名句佳篇为后人广为传诵。以上名言，大家并不陌生，出自《古人谈读书》，它们都是文言文。下面请同学们读一读（配乐），谈谈读后的感受（例如：朗朗上口，语言精练且深刻等）。

设计理念：孔子说"温故而知新"，复习积累旧知识，以旧知识作为新知识的出发点，遵从由浅入深的认识规律，使学生有效快速地进入新知识的学习。

【教学过程】

（一）导入课题

1. 谈话导入：同学们，今天，我们继续走进《古人谈读书》，了解古人还有哪些读书的要领。

设计理念：培养学生思考的习惯，以疑带学，激发学生探究文本的兴趣。

2. 板书题目：

25.古人谈读书

（二）走进文本

1. 初读感知（6分钟）

引子："余尝谓：读书有三到，谓心到，眼到，口到。"朱熹说读书要心到、眼到、口到，请同学们用上"三到法"自己读一读本文的第三则文言文，看看曾国藩对读书的看法是什么？

出示PPT：盖/士人/读书，第一要有志，第二要有识，第三要有恒。

指名读，指导读，集体读。

小结：读文言文的方法。（朗读文言文，首先要把握停顿，读准节奏，还

应掌握朗读的语速，声断气相连的朗读技巧等；其次要反复诵读，培养语感）

2.品味理解（7分钟）

引子：文言文与现代汉语不一样，现代汉语比较浅显易懂，而文言文比较深奥难懂，需要一些方法的帮助。

提问：士人是指什么人？你是怎么知道的？（看注释的方法）

提问："志、识、恒"又是什么意思？这一次没有注释看了，你是用的什么方法？（扩词的方法）

提问："盖"怎样解释？没有了注释，不能扩词，还有其他的方法吗？（猜想的方法或联系上下文及联系生活等方法）

出示小结：文言文，说声爱你真不容易，要想读懂文言文，必须要有方法：看注释、扩词、猜想、联系上下文、联系生活等。

刚才的学习，我们知道读书要：第一要有（　　），第二要有（　　），第三要有（　　）。概括起来就是学习的态度。（板书：志、识、恒）

3.合作学习（10分钟）

引子："知之为知之，不知为不知，是知也。"孔子说得多好哇！我们就用这种实事求是的态度开始我们的合作学习之旅吧。

出示PPT：有志则断不甘为下流；有识则知学问无尽，不敢以一得自足，如河伯之观海，如井蛙之窥天，皆无识者也；有恒则断无不成之事。此三者缺一不可。

（1）出示"阅读探究卡"，同桌面对面交流讨论，解决问题。

①理一理：这段话主要写了什么内容？

②议一议：你从中体会到了什么道理？

（2）学生一起朗读，然后同桌讨论交流。

（3）汇报展示，品读经典。

要求：①回答问题的同学声音响亮。

②其他同学要认真地倾听。

（4）理一理：你能说一说这段话的内容吗？

（做好引导工作，只要概括合理即可）

这句话里面有两个故事，一个是（"河伯观海"），另一个是（"井底之蛙"），这两个典故分别告诉了我们什么道理？

出示PPT："河伯观海"出自《庄子》："秋水时至，百川灌河。泾流之大，两涘渚崖之间，不辨牛马。于是焉，河伯欣然自喜，以天下之美为尽在己。"

意思是：秋天里山洪按照时令汹涌而至，众多大川的水流汇入黄河，河面宽阔，波涛汹涌，两岸和水中沙洲之间连牛马都不能分辨。于是河神欣然自喜，认为天下一切美好的东西全都聚集在自己这里。"河伯观海"和"井底之蛙"的意思差不多，都是形容人怎样？（见识短浅）

（5）议一议：你从中体会到了什么道理？

（只要学生讲的有一定道理，就应该予以肯定）

4. 悟中朗读

引子：把你的体会送进你的朗读，真正把书读到心里去。

出示：有志/则断不甘为下流；有识/则知学问无尽，不敢/以一得自足，如/河伯之观海，如/井蛙之窥天，皆/无识者也；有恒/则断无不成之事。此三者/缺一不可。

小结：选段引自曾国藩的《曾国藩家训》。曾国藩一生大部分时间都在读书，提出过许多精辟的见解，与孔子和朱熹一样，他们的话对于今人仍有启示和借鉴的作用。

设计理念：*通过多层次的朗读，把握古文的朗读节奏，培养朗读文言文的语感；在品味理解环节渗透文言文的理解方法，通过合作学习培养学生的沟通能力和解决问题的能力。*

（三）对比阅读

过渡：同学们，学了《古人谈读书》中的三篇古文后，你们是不是对怎样学习文言文和如何读书更有心得了呢？现在我们再把三篇文言短文放在一起，比较着读一读、填一填，加深理解。

1. 学生自由朗读三则文言文。

2. 填写表格，回顾内容，明晰重点。（课件出示表格）

作者朝代表

作者	朝代	主要内容（正确的打"√"）	重点句子
		学习方法（　　） 学习态度（　　）	
		学习方法（　　） 学习态度（　　）	
		学习方法（　　） 学习态度（　　）	

（1）先小组合作填表格，然后教师点拨。

（2）对比，在实际学习中，你们有这样的体会吗？你们从中受到了怎样的启发呢？

示例：我的体会是要坚持读书，养成读书的好习惯，这样就会收获越来越多的知识。

生："读书时要在心中默默记住有用的东西"对我很有启发，它一方面提醒我要用心读书；另一方面告诉我要读有益的书，不要只是为了打发时间而读书。

示例：我觉得我们不仅要承认不知道，而且要去想办法知道，这才叫真聪明。

……

（引导学生联系实际理解文章内容，让学生在品读中讨论、交流，展示自己的读书心得，这和课文"谈读书"的主题很契合）

设计理念：通过对比的学习方法，使学生学会梳理文本，提升学生整合文本的能力，进一步完善对文本的整体认识。

（四）背诵积累

过渡：同学们的回答都很好，相信大家已经透彻地理解了课文，我更相信大家会在短时间内背诵这篇课文，对不对？

生（齐答）：对！

引子：好！现在开始练习背诵。如果会背了，可以在小组长那里背，也可以在我这里背，更可以到你喜欢的听课老师那里背。（学生读背课文）

结语：有人说"读书是最美的姿态"。希望在未来老师与同学们都能保持这种最美的姿态，此生都愿做读书人，善用读书方法和态度，终身以书为伴。

设计理念：设计堂上背诵环节，以背诵促积累，让学生马上储存中华优秀传统文化中关于读书的精辟论断。

（五）课后作业

1. 积累课外五句关于读书的名言。

2. 自行设计书签，写上自己喜欢的名言。

设计理念：通过作业，巩固学习成果，扩大传统文化的积累，承继传统文化的精髓。

【板书设计】

25. 古人谈读书

	有志	
曾国藩	有识	（态度）
	有恒	

【教学反思】

《古人谈读书》这篇课文是五年级上册最后一个单元的第一篇精读课文，有着举足轻重的地位。在本文中，三位中国名家都介绍了自己的读书方法，都重视读书的积累，但是侧重点又有所不同。而且安排的内容是文言文，离学生的生活较久远，教学上有一定的难度。

（一）教学效果

依据文章题材和学生的认知状况，笔者设计的教学流程取得了较为满意的效果，现总结如下：

1. 调动积累，走近名人

为了更好地走进文本，拉近学生与作者的距离，笔者设计课前互动，围绕本课第一层的读书名言展开，贴近学生原有的学习认知水平，所以在课前交流环节能畅所欲言，激发学生的兴趣，也为深入领悟做好了铺垫。

2. "读"占鳌头，培养语感

本文的三部分内容在读书时分为三个层次：第一层次是自由读第一部分，即选自《论语》的几句名言，这个内容在第一课时已由德庆县官圩镇中心小学的老师完成；第二层次和第三层次是第二课时，由笔者执教。第二层次也是第二部分内容，在学生读准易错的字音的基础上，通过指名读、指导读、集体读，读出节奏，读出停顿，读出韵律，特别是声断气相连的朗读技巧，让文言文有滋有味，希望进而激发学生的读书兴趣。第三层次是第三部分，此层次则是半扶半放，先是小组合作学习，然后是交流展示，进一步引导孩子们爱上读书，爱上古文。

3. 合作探究，感悟内涵

在读好的基础上引导学生潜心阅读，借助多种方法领悟每句话的内涵，这一环节意在引导学生走进文本。之后在小组内交流、碰撞，让思维趋于准确，也就更好地理解了文本内容。接着让学生通过对比观察文本内容，总结每部分内容作者的侧重点是什么？再引导学生谈体会，这样一来，在感知文本内涵的基础上又进行了一次概括能力的训练和说话训练，使语文课真正体现母语的作用，并学会文本对话，内化文本精髓。

4. 背诵积累，制作读书卡

设置堂上背诵环节，先自由背诵，后到小组长处或老师处展示，此环节为积累丰富的语言夯实基础。课后作业，扩大积累：积累课外五句读书的名言。迁移运用：引导学生制作名言卡片，选的内容出自本文或课外名言，要工整抄写，学生的动手实践能力得到了很好的锤炼。

（二）成功之处

每个环节尽量做到引语和结语并举，引语起于课文，结语上承下启，过渡自然。注重方法指导，以法导学。

（三）不足之处

由于接到交流任务的时候，笔者正外出学习，匆忙备课和制作课件，所以在课例中，很多细节没有完美地处理，留下了遗憾。

（四）改进措施

在平时，要继续加强修炼自己的内功，如备课能力、课内生成的能力、信息技术的运用能力等，逐步形成自己的教学风格。

《威尼斯的小艇》第二课时教学设计与反思

（人教版小学语文五年级下册第26课）

莫锐梅

【教学概说】

《威尼斯的小艇》是美国作家马克·吐温的一篇写景散文。他以形神兼备、灵活多变的语句展示了异国风情和船的作用。课文以"我"所见所感入手，首先交代了小艇是威尼斯的主要交通工具，接着详细介绍了小艇独特的构造特点，然后讲了船夫高超的驾驶技术，最后说了小艇与人们的日常生活息息相关。抓住事物特点描写是课文表达的主要特点。

五年级学生已具备一定的阅读能力，他们能通过引导体悟文字蕴含的意思。他们的弱点是不懂得如何对具体事物进行描述，如何描写人的活动等。如何通过《威尼斯的小艇》的学习，让学生在阅读中感悟语言表达的精妙，如何在读中学习抓住事物特点动静结合地描写事物等，这是孩子们需要掌握的学习能力，也是我们教学的最终目的。

【教学目标】

（一）知识与能力

朗读课文，背诵课文4~6自然段，积累自己喜欢的语句。

（二）过程与方法

1.通过读一读、画一画、说一说，感悟课文内容，了解威尼斯独特的风情、小艇的特点及它同威尼斯的关系。

2.通过创设情境、教师引领点拨，领会作者抓住特点和把人的活动同事物、风情结合起来描写的表达方法。

（三）情感态度与价值观

引导学生领略水域风情，陶冶学生的审美情趣。

【教学重难点】

重点：让学生了解小艇的特点和它与人们生活的密切关系。

难点：学习作者是怎样抓住特点并把人的活动同景物、风景结合起来描写的。

【教学课时】

1课时。

【教学过程】

（一）创设情境，激趣导入

1. 播放威尼斯的风景图片，教师深情地介绍：在意大利北部的亚德里亚海滨，蔚蓝色的海水中散布着100多个小岛。这座城市就是"因水而生、因水而美、因水而兴"的威尼斯。全城有117条纵横交错的大小河道，靠400多座桥梁把它们连接起来。因此，威尼斯有"百岛之城""千桥之城""水上城市"的美称。威尼斯风光秀美，古迹甚多，是驰名全球的旅游胜地。威尼斯城热闹非凡，但城内没有汽车和自行车，也不见交通红绿灯，小艇就是"公共汽车"。威尼斯的小艇同样闻名于世。

师问：威尼斯给你留下的最深刻印象是什么？

2. 师生共同板书课题，指导书写"艇"。

3. 学习第1自然段：威尼斯是世界闻名的水上城市，河道纵横交叉，小艇是威尼斯主要的交通工具，等于我们大街上的汽车。（课件出示）

"大街"指河道，"汽车"指小艇。

让学生了解小艇在威尼斯的重要作用。

设计理念：开课播放威尼斯的风光图，为学生创设情境，在音乐的渲染、老师的深情介绍中感受威尼斯的美丽风光和威尼斯人民的勤劳善良，为全文的学习、主题的理解埋下伏笔。

（二）合作交流，探究文本

过渡：自由读文，哪些自然段具体描写了小艇是这座小城的主要交通工具？

1. 探究学习5～6自然段

（1）默读课文5～6自然段，你读懂了什么？（学生汇报自己的读书收获）

设计理念：阅读是学生、教师、文本之间对话的过程。阅读是学生的个性化行为，不应以教师的分析代替学生的阅读实践。要珍视学生独特的感受、体验和理解。阅读教学的重点是培养学生具有感受、理解、欣赏和评价的能力。因此，在本环节笔者先安排学生和文本之间对话，让学生自己到课文中去发现、去理解、去感悟小艇与人们的生活息息相关。

（2）课文中写了哪些人，他们坐小艇去干什么呢？小组合作完成表格。

小组合作表

时间	什么人	交通工具	干什么事
白天	商人	走下小艇	沿河做生意
白天	青年妇女	坐小艇	高声谈笑

（3）还有哪些人坐小艇去干什么呢？自己完成实践乐园。

① 清晨，踏着晨曦，迎着朝阳，（　　　）坐着小艇（　　　）。

② 傍晚，忙碌了一天的（　　　）坐着小艇（　　　）。

③ 周末，（　　　　　　）。

（在小组内交流，然后选出描述好的在班内交流）

（4）白天，人们坐着小艇忙碌着、工作着。晚上，威尼斯又是怎样的景象呢？

师生接读：戏院散场了，小艇停泊了，我们才看到月亮的影子在水中摇曳；我们才感觉到这座水上城市的静谧；我们也才看到了沉睡中的威尼斯是那样的美丽。

师小结：白天，当小艇一出动，城市就喧闹和充满活力；夜晚，当小艇一停泊，威尼斯就沉寂、安静、入睡了。艇停城静，艇动城闹，威尼斯古城的热闹与静寂是和小艇的动与静密切相关的。

生配乐有感情地朗读第6自然段，感受威尼斯夜的静寂。

设计理念：教师在朗读时所配的音乐是经过反复选择的，能明显地听出动静的变化，为学生的理解和朗读做了奠基。学生肯定会深深地陶醉其中，后面的理解也就水到渠成了。教师的范读、引读也为学生的朗读树立了榜样，学生的感情也就自然流露。

（5）让我们回顾5~6自然段，感悟作者的写作方法：动静结合。

2.小组合作学习课文第2自然段

这么美丽迷人的威尼斯，想不想去看一看呢？怎么去？（乘飞机到意大利再到威尼斯坐小艇）说着说着，小艇就来了。（出示图片）用自己的语言来描述小艇的外形。

（1）小组合作学习课文第2自然段。

威尼斯的小艇有哪几个特点？

（温馨提示：A.自主研读；B.小组交流；C.汇报展示）

课件出示：

外观特点：长度（二三十英尺）；

宽度（窄、深）；

形状（独木舟）。

对比句子。

课件出示：

句一：船头和船艄向上翘起，像挂在天边的新月，行动轻快灵活，仿佛田沟里的水蛇。

句二：船头和船艄向上翘起，行动轻快灵活。

请两个同学分别读一读这两个句子，体会它们的不同之处。

句一运用了哪些表达手法，这样描写有什么好处？

（比喻的修辞手法，形象生动地描写出小艇的构造特点）

用上一个关联词语（既……又……）说句子。

设计理念：学生是语文学习的主人。语文教学应激发学生的学习兴趣，注重培养学生自主学习的意识和习惯，为学生创设良好的自主学习情境，尊重学生的个体差异，鼓励学生选择适合自己的学习方式。在本次的自主学习中，通过学生自主探究、合作学习来理解小艇的特点，真正将课堂交给了学生，他们思维的火花迸射，相信会收到意想不到的效果。

（2）全班交流：①深情朗读，体会小艇的特点。②对比写法，感悟作者语言的精妙。

3. 自主学习课文第3、4自然段

（1）自由读课文第3、4自然段，你有什么感受？学生交流。

（交流预设，教师总结：第4自然段围绕"船夫的驾驶技术高超"写的）

这样的句子叫作"中心句"。找出有关的语句。（操纵自如、左拐右拐挤过去、穿过、速度非常快、急转弯）

（2）让学生演一演船夫驾驶小艇的动作。

设计理念：这是语文的亮点，让学生根据内容进行表演，培养学生的语言表达能力，让学生情真意切地表达自己内心的感受，再次体会船夫的驾驶技术高超。真正做到了语文实践性和工具性的统一。

（3）如果你是乘客，坐在这样的小艇里会有怎样的感受？

课件出示："有说不完的情趣"。

（看到一座座形式不同的石桥，望着耸立在两岸的古建筑，跟来往的船只打招呼……）

坐着小艇在威尼斯游玩，享受着身心的愉悦，体验着异域风情的美好。

（三）课堂总结，升华主题

这篇课文围绕小艇讲了三个方面的内容，让我们领略了威尼斯奇特的风光，感受到了小艇与人们的生活息息相关，感悟到作者高超的写作手法。

设计理念：通过教师激情的语言，再次使学生的阅读体验得以升华，使学生更深层次地感悟课文的主题，内化语言。

（四）朗读4～6自然段

学生朗读课文。

（五）作业超市，学以致用

1. 背诵课文4～6自然段，抄写自己喜欢的句子。

2. 对比阅读《威尼斯之夜》，比较它与本文在内容、写法上的异同。

3. 运用课文的表达方法，写一写我们美丽的家乡景物。

设计理念：作业的设计是对课内的延伸，使学生课内外结合真正地落到实处，使课堂学到的知识在课外得到训练，内化为学生的能力，同时锻炼了学生的习作表达能力，真可谓一举多得。

【板书设计】

26.威尼斯的小艇

小艇
作用：　白天　　各种人　　坐小艇
　　　　夜晚　　小艇动　　小艇不动
　　　　热闹　　沉寂
特点：　长度、宽度、形状
驾驶技术：高超

【教学反思】

本课在教学设计上符合了学生的特点，课件的适时播放激发了学生学习的兴趣，课堂上学生能够活跃起来。学生的想象力也得到了较好的发展。以下是笔者课后的一些心得体会。

（一）良好的情境创设可以使教学效果事半功倍

在备课的时候，笔者一直在想该以怎样的方式引入课堂教学，跟年级组的几位老师探讨过后，笔者决定还是以最直接的方式——威尼斯的风光图片引入课堂学习，让学生首先在视觉上受到威尼斯美丽风光的吸引，然后引入文章的学习。老师的介绍相当于给学生补充了一部分威尼斯的资料，对于学生深入学习理解课文有一定的帮助。在课堂上学生的接受能力还是比较好的，课堂的引入部分对我校学生更多去了解威尼斯有较好的帮助。学生在课堂上的反应与学习的效果体现了情境创设对于学生对文本的理解是十分有帮助的。

（二）直接切入重难点教学，提高课堂效率

创设情境的引入激发了学生学习的兴趣。第5、6自然段作为教学的重难点，笔者直接引导学生去理解小艇在威尼斯作为交通工具的重要性，其实这也是文章的重点描写。表格的设计意图为学生可以更简洁明了地理解小艇对威尼斯人的重要性，三个小句子的练习是为了引导学生展开想象，除了作者所写，威尼斯人无论做什么事，只要是出行就离不开小艇，为学生更深刻地理解课文提供更多的载体。笔者的设计是为了让学生可以在课堂上多说多思考，激发学生学习的主动性。从学生的课堂反应来看，学生主动思考的积极性较高。或许这样的教学设计在类似的教学中可以多运用。

研读课文，欣赏美。第6自然段是作者对威尼斯静静的夜中风情的静态描写。笔者着重引导学生朗读，这么美妙静谧的夜景让学生在音乐之中朗读是最好的感悟，读中悟，悟中读，达到读悟结合才能升华学生的情感。

第5、6自然段，作者动静结合的写作手法，笔者让学生在朗读之后思考总结。

（三）句式对比，抓事物特点

在学习"威尼斯的小艇特点"这一段，笔者选择了句子的比较式学习，目的是让学生从句子的对比中感受到小艇的独特性、灵活性，以及作者比喻手法运用的贴切。这一部分的学习，学生学习效果很好，有学生模仿了比喻手法描写事物。

（四）抓关键词，演一演

在学习"船夫的驾驶技术"这部分内容时，笔者让学生自己找关键词，引导学生抓住关键词学习。然后出示关键词让学生边说边表演，学生兴趣盎然，学习效果相当好，课堂的学习气氛活跃。在轻松愉快的氛围中，学生领略了威尼斯的风情美、小艇美。这样的学习方式，或许笔者应该多运用一些，激发学生学习的积极性，让课堂学习氛围更活跃。

在整节课的教学中，笔者感觉到教学设计较为适合本班学生的学情，课堂氛围较为活跃，学生思考积极，学习效果较为明显。笔者在教学中感觉自身的教学语言有待提升，课堂教学的灵活处理需要进一步加强。有进步就需要不断地去尝试，去挑战自己，多上课，多实践，多反思，争取让自身的教学能力有进一步的提高。

《女娲补天》教学设计与反思

（统编版小学语文四年级上册第15课）

李世炯

【教学概说】

本单元课文主要是围绕"神话故事"这个主题进行编排的，目的是使学生感受到古代神话故事中的人物形象、性格特点。《女娲补天》是统编版四年级上册第四单元中的一篇课文，是一篇流传千古的神话故事，讲的是女娲为了拯救处于水深火热之中的人们，冒着生命危险补天的故事，赞扬了女娲勇敢、善良的品质和不怕危险、甘于奉献的精神。

【教学目标】

1. 通过默读、朗读、讨论交流等形式，把握课文内容，感受女娲为了拯救人类不怕危险、不怕困难、甘于奉献的精神。

2. 积累生动的语句，引导学生感受古人丰富的想象，提升人文素养。

【教学重难点】

重点：了解女娲冒着生命危险，克服重重困难修补天地的过程。

难点：在阅读学习中感受神话故事的神奇，想象的丰富。

【教学课时】

1课时。

【教学过程】

（一）课前谈话，激趣导入

1. 谈话导入

今天这节课，我们一起来聊聊（出示课件1）"神话故事"，喜欢读神话故事吗？（喜欢）你们的脑海里一定能回忆起很多的神话故事，对不对？

我们先来做一个游戏，叫作"看图猜故事名"。以前做过这样的游戏吗？（没有）好，那就赶快来尝试一下吧！我出示图片，你们如果知道这个神话故事叫什么名字，马上把它喊出来，好不好？（好）

2. 看图猜故事名

请看第一个（出示）："精卫填海"——恭喜你们答对了，反应要快点，好吗？

请看第二个（出示）："嫦娥奔月"——（反应太快了）再次恭喜你们，又答对了。

请看第三个（出示）："哪吒闹海"。

请看第四个（出示）："盘古开天地"。

3. 游戏小结

我们猜了四个神话故事，分别是"精卫填海""嫦娥奔月""哪吒闹海""盘古开天地"。

观察一下：神话故事的名字有什么特点？你们观察出来了吗？也就是说，你们看这些故事的名字都是以怎样的格式出现的呢？（先说这是"谁"，后边紧接着说明他在"干什么"）

一般来说，神话故事的名字高度概括了这个故事的大致内容，所以我们通过神话故事的名字，就可以初步了解这个故事的什么呢？（内容）

设计理念：以看图猜故事名的游戏引入，运用故事激发学生的学习兴趣。小结神话故事名字的特点。

（二）提示课题，激发兴趣

师：今天我们要学习的这个故事就是《女娲补天》。（板书：女娲补天）

题目中哪个词让你最感兴趣？或者说感觉神奇呢？（补天）

师：女娲可真了不起，在学习故事之前，我们先来了解一下女娲到底是怎

样的一个人。（课件出示）

（传说中的女娲是一个人首蛇身的女神。她用黄泥捏成人，创造了人类。女娲就是人类的母亲）

设计理念：揭示课题，设置悬念（女娲到底是怎样的一个人），激发兴趣。

（三）新授课文，整体感知

师：大家打开课本第54页，快速浏览阅读"自读提示"：女娲补天这个神话故事，处处充满着神奇的想象。默读课文，说说故事的起因、经过和结果。发挥自己的想象，试着把女娲从各地捡来五种颜色的石头的过程说清楚、说生动。

师：神话故事是我们非常宝贵的财富，所以学神话故事，我们首先要读好故事，然后讲好故事。

设计理念：梳理并明确学习神话故事的方法与步骤，培养学生学习的方法。初读课文，使学生对课文先有一个整体的、感性的认识，为学生进一步自读课文、理解课文奠定良好的基础。

1.读好故事

读故事前，我们先要了解这个故事的内容。虽然我们已经通过这个故事的名字初步了解了《女娲补天》写的就是女娲补天的事情，但是，仅了解这些够吗？（不够）还得了解什么呢？你能把它变成问题提出来吗？还要了解什么呢？

2.交流小结

（1）女娲为什么补天?

（2）女娲是怎么补天的?

（3）女娲补天的结果怎样?

3.感知课文

请大家带着这三个问题默读这个故事，尝试着用最简洁的词语或短语来回答。

（1）学生默读、思考。

（2）教师巡视、了解。（有答案了吗？没有答案的继续默读）

4.交流汇报

现在有答案了吗？（有了）好，那现在我们一起来交流，你可以自由地选择其中的一个问题来回答。如果让我选择的话，我肯定就选第三个问题来回

答，因为第三个问题它根本就不是什么问题。第三个问题的答案知道吗？（补天的结果怎样呢？）（生：结果补好了，成功了）

（1）对，补天成功了，人类获得了新生。请大家齐读第55页最后一个自然段。（板书：结果 人类新生）

（2）好，第三个问题解决了，还剩下第一、第二两个问题。

问：哪个同学来回答第一个问题？（女娲为什么补天？）（板书：补天的原因）

天塌地裂，人们生活在"混乱恐怖"之中，这就是女娲要补天的原因（也就是故事的起因）。

哦，大家有没有留意，这个天塌的原因又是什么呢？有谁知道？

（水神和火神打架，水神输了，他恼羞成怒，觉得没脸见人，便一头撞断了西边不周山的撑天大柱子，所以天就露出了一个大窟窿——塌了）

（3）第一个问题也解决了。还剩下第二个问题，指名问学生：女娲是怎么补天的？（学生回答）

他说得对吗？（是对的）但是还可以说得更简洁一些。怎么去梳理女娲补天的经过呢？李老师想教给大家一种方法，我们学着用这种方法来梳理。

这个方法的名字叫作"圈关键字"。什么叫"圈关键字"呢？就是把最关键的字用"圈"把它圈出来。

我们就以下面这段话为例子，尝试着学圈关键字，好吗？

出示句子1：

这可是一项巨大而又艰难的工作。女娲先从各地捡来赤、青、黄、白、黑五种颜色的石头，燃起神火熔炼。随着神火的渐渐熄灭，五种颜色的石头被炼成了黏稠的石浆。女娲用这些石浆把天上的大窟窿修补好。

关键词：炼石补天（捡石炼石补天）。

出示句子2：

女娲担心补好的天再塌下来，于是又杀了一只大乌龟，斩了它的四条腿，竖立在大地的四方，把人类头顶上的天空撑起来，这样天就再没有了坍塌的危险。

关键词：杀龟撑天。

出示句子3：

接着，她奋勇杀死了在中原一带作恶的黑龙，其他野兽见此情景，吓得纷纷逃回山林，不敢再到处流窜残害人类了。

关键词：杀死黑龙。

出示句子4：

最后，女娲把芦苇烧成灰，撒到水中，芦灰越积越厚，把喷涌洪水的地缝也堵住了。

关键词：烧灰堵缝。

这个方法好不好呀？（好）你们非常能干，一学就会了，给自己鼓鼓掌。

设计理念：带着问题学习，让学生边读课文边思考，初步培养学生良好的读书习惯。同时以关键词为突破口，学习抓住句段中的关键词语理解课文的方法，使学生能有针对性地研讨文本，培养学生的阅读能力。

（四）深入学文，品味奇妙

孩子们，都说神话故事特别好看，特别吸引人。你们有这种感觉吗？（有）能不能说说为什么会有这种感觉，为什么觉得神话故事非常好看呢？

1. 品味神奇

生：因为神话故事充满了幻想。

师：对，想象特别神奇。哦，这是神话故事的一个特点，所以有人说"没有神奇的幻想，就没有神话故事"。老师也觉得这句话说得非常有道理：想象特别神奇。（板书：想象神奇）

在神话故事里，想象神奇的地方比比皆是，相信大家轻而易举就能找到好几处出来。哪些地方让你感受到想象的神奇呢？（出示："轻而易举"。快速找一找、画一画：哪些地方让你感受到想象的神奇呢？）

你只要随随便便一找就能找出来！

你只要瞄上一眼就能找到！

太神奇了！

（1）指名回答

长句，要求抓住关键词说。（相机让学生找5~6处）

（2）小结

你看，神话故事里，神奇的想象随处可见，比比皆是。正因为神话故事有这样神奇的想象，所以它才像一块大磁铁一样深深地把我们吸引住了，是不是呀？（是）所以有人说：没有神奇的幻想，就没有神话故事，这是大家都知道的。

2. 品味巧妙

今天这堂课我们重点来学习好多人都不怎么知道的，想不想学？（想）

好，神话故事当中的想象除了神奇之外，还有一个很大的特点，那就是——

（板书：巧妙）

"巧妙"的意思就是想象得"特别的巧、特别的妙"。

课文中的什么地方让你有这种感觉呢？

（1）小组讨论。（四人小组交流）

（2）交流汇报。（指名小组回答）

（提示：什么地方让你有一种想象特别巧妙的感觉呢？哪个小组来说说？）

（如果学生回答不了，老师就提示一个关键词：五彩石……相机交流）

设计理念：深入文本，品味神奇与巧妙，继续以关键词为突破口，学习抓住文本中的关键句理解课文，发挥想象，体会神奇与巧妙，培养学生的想象能力。

（五）拓展成语，积累语言

在我们悠久灿烂的文化历史长河中，神话故事如一朵朵美丽的浪花，它通过丰富的想象，展示人物神奇的能力，寄托着人们美好的愿望和追求。下面，这些成语就出自一个个中国神话故事。谁带领大家读一读？

精卫填海　后羿射日　嫦娥奔月　愚公移山

八仙过海　夸父追日　牛郎织女　开天辟地

设计理念：围绕神话故事，拓展积累，延伸课外，培养学生读书能力，提升语文素养。

（六）回顾比较，完成作业

1. 本单元我们学习了中国的神话故事和外国的神话故事，比较一下，它们有什么不同？

2. 回家把女娲补天的故事讲给家里人听。

设计理念：回顾比较，巩固所学内容，激发探究精神和丰富的想象力。

【板书设计】

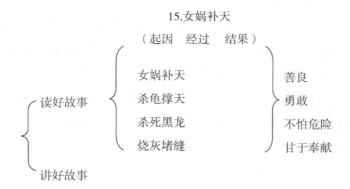

15.女娲补天

（起因　经过　结果）

读好故事 ⎰ 女娲补天 —— 善良
杀龟撑天 —— 勇敢
杀死黑龙 —— 不怕危险
烧灰堵缝 —— 甘于奉献

讲好故事

设计理念： 板书设计注重简单清晰，简洁明了，且体现当堂内容，加深学生对当堂课文内容的认识，基本达到一目了然的目的。

【教学反思】

《女娲补天》是统编版小学语文四年级上册第四单元中的一篇课文，是一篇流传千古的神话故事，讲的是女娲为了拯救处于水深火热之中的人们，冒着生命危险补天的故事。本单元课文主要是围绕"神话故事"这个主题进行编排的，目的是使学生感受到古代神话故事中的人物形象、性格特点。笔者在设计教学这篇课文的时候，紧紧围绕单元主题和单元训练点，以兴趣为切入点，抓住学生对神话故事的好奇与兴趣，通过看图猜故事名、巧提问题、概括故事、想象神奇与巧妙等环节，让学生深入文本，抓住关键词句体会人物的品质，现就本节课教后反思如下。

在本课的教学中，笔者要求学生主要做了两个方面：一是读好故事，二是讲好故事。重点是读好故事环节。

（一）好的地方

1.梳理问题，质疑深入文本

在学生读文感知课文内容的基础上，让学生质疑，提出了三个中心问题："女娲为什么补天""女娲怎样补天"和"女娲补天的结果怎样"。在教学中，笔者就紧紧抓住神话故事的特点，以"女娲怎样补天"为主线展开教学，引读、想象、品味故事的神奇与巧妙，体验感受灾难来临后可怕的情景，学习女娲善良与勇敢的品质和不怕危险、甘于奉献的精神。

2. 以读为本，品味神奇巧妙

在这节课上，"读"贯穿始终，"品"落实全文，除了对学生读课文每次都有要求外，读的方式也有所不同。为了更深入、准确地体验情感，笔者指导学生抓住重点词句来读文章，通过细心描摹、入情入境的朗读，使学生获得情感升华。在品的过程中，笔者抓住重点句段，让学生品味体会神话故事的神奇与巧妙，并引导学生把描写神奇的句子和文本中认为巧妙的地方找出来，训练了学生的阅读能力，培养了学生的想象力。

3. 设计补白，培养学生想象力

在课堂上笔者设计了补白想象，让他们说说"五彩云""五色石""天塌地裂"等情景，追问他们仿佛看到了什么，听到了什么。学生说得很好。

（二）不足之处

教学永远是一项遗憾的劳动，虽然预设时考虑周全，但是真正教学时未必能达到预期的效果，感觉在课堂中存在以下不足：（1）给学生读的时间少了一些。"读"应该是阅读教学的永恒主题，"以读为本"应该是阅读教学的基本理念。（2）讲故事这个环节落实不到位。在时间安排上还可以更合理一些。

《纪昌学射》教学设计与反思

（统编版四年级上册第27课《故事两则》之《纪昌学射》）

陆宇茵

【教学概说】

《纪昌学射》是统编版教材四年级上册第27课《故事两则》的第二篇。这则故事选自《列子·汤问》，是一则寓言故事。讲的是纪昌拜飞卫为师，学习射箭，飞卫告诉他先要下功夫练眼力，纪昌根据飞卫的指点，练好了眼力。之后，飞卫才开始教他开弓放箭。后来，纪昌成了百发百中的射箭能手。

本故事有着丰富的内涵，有多种解读。可以一方面理解为文章以生动的事例阐明了无论学什么技艺，都要从学习这门技艺的基本功入手的道理；也可以从另一方面看出学习者的恒心和毅力、名师的指点等对学习结果也非常重要。

【教学目标】

（一）知识与技能

1.认识生字，正确读写"妻子、拴住、百发百中"等词语。

2.正确、流利、有感情地朗读课文。

（二）过程与方法

1.引导学生了解故事情节，通过品味关键词句和朗读想象的方法，体会纪昌的决心、毅力、恒心，丰满人物形象。

2.引导学生感悟从不同的角度理解寓意。

3.指导学生有意识地运用本文的语言，学习简要复述课文。

（三）情感态度与价值观

1.懂得本领的习得离不开好老师的指导，要学会尊敬老师，听老师的教导。

2.懂得本领的习得需要自己的刻苦训练。

3.激发美感，感受祖国语言文字的魅力。

【教学重难点】

1.整体把握课文内容，理解寓言的寓意。

2.指导学生有意识地运用本文的语言，学习复述故事。

【教学课时】

1课时。

【教学过程】

（一）激情导入，初知大意

1.游戏导入：看图猜故事名字。（总结：这些故事都是寓言故事）

2.读课题。

师：今天我们学习一则来自《列子·汤问》中的寓言故事，我们一起来读课题。（板书：纪昌学射）

3.解课题。课题中，"学"是什么意思？（学习）"射"呢？（射箭）谁能把课题的意思连起来说一说？（纪昌学习射箭）

设计理念：看图猜故事激发学生学习寓言故事的积极性，再引出课题，以解课题来引导学生通过读懂题目理解故事的主要内容，在阅读中学会阅读的方法。

（二）初读课文，质疑交流

1.初读课文

过渡：寓言故事的题目往往就是故事的浓缩，一读课题就可以知道课文的主要意思。现在就让我们来读读这则寓言。

（生用自己喜欢的方式读文）

2.检查生字词

师：读的过程中有困难吗？那么先来看看这组词。

第一组词：妻子、虱子。（指生读；指导"子"的读音，书写"妻"字）

点拨："妻子"这个词是什么意思？在古代，"妻子"可不仅仅指老婆，老师在这里加一个分隔符号，猜猜它是什么意思？（"妻子"古代是妻子和孩子的统称）汉语就是这么有意思。

第二组词：请教、练眼力、眨一眨、踏板、模糊难辨、聚精会神、开弓、放箭、百发百中。（指生读）

3.说文意

师：你能说说这篇课文讲了一个什么故事吗？可以用上第二组词语中的几个来说说这个故事吗？（指生说、同桌互说）点拨：抓关键词概括主要内容。

设计理念：这一教学环节，既让学生认识了生字词，又让学生凭借两组词语概括了课文的主要内容，达到了语言文字概括运用能力的训练目的。

（三）研读文本，理解寓意

1.再读课文，找出关键（默读并做批注）

师：纪昌之所以能成为一名百发百中的射箭能手，是什么原因呢？默读课文，你能从哪些句子或词语中找到原因？请用横线画起来，可以在旁边用一两个词语来写一写自己的感受。

2.汇报分享

学生回答预设。

他练好了基本功。

（1）他第一次是怎样练眼力的？

① 品读句子"妻子织布的时候，他躺在织布机下面，睁大眼睛，死死盯住织布机的踏板"。

② 感受"注视"，指导朗读。

把"盯"换成"看"，那么"看"和"盯"是一回事吗？"盯"不是普普通通的看看而已，而是专注地看，专心致志地看，心无杂念地看！谁来读出纪昌的专注劲儿来！

点拨："注视"更强调全神贯注地看。（板书：盯踏板）

③ 同学们，你们见过织布机的踏板吗？（出示踏板运动视频）

④ 试练眼力。

我们也来练练眼力，请拿起一支笔并在眼前晃动，它就是织布机的踏板，请大家睁大眼睛盯着它，你的眼睛不能眨，我们来看30秒。你有什么感觉？（苦、累、眼花）孩子们，你们仅仅盯了30秒而已！而纪昌则是躺在小小的织布机下面足足看了两年——700多个日子！

⑤ 想象说话。

当他疲惫的时候，他想：＿＿＿＿＿＿＿＿（所以，他仍旧盯着飞速的踏板）；当他眼花的时候，他想：＿＿＿＿＿＿＿＿（所以，他仍旧盯着飞速的踏板）；当他快要支持不住的时候，他想：＿＿＿＿＿＿＿＿。

师：我们看到了一个怎样的纪昌？请你选择一个词批注在书本这句话的边上。（板书：决心　毅力　恒心）

就这样，春去秋来，寒来暑往，两年之后：出示句子（纪昌的本领练得相当到家了——就是锋利的锥尖要刺到眼角了，他的眼睛也能不眨一下），生齐读。

设计理念：这一板块的设计目的在于引导学生一步一步地寻找纪昌成为一名百发百中的射箭能手的原因，并顺学而导，为学生构建语言表达支架，启发学生想象说话，提升学生的语言素养。

（2）他第二次是怎样练眼力的？

① 品读句子，"他用一根牛尾毛拴住一只虱子，把它吊在窗口，然后每天站在虱子旁边，聚精会神地盯着它"。

师：刚才是织布机的踏板，现在是虱子了，见过虱子吗？虱子多大呢？（比芝麻、蚂蚁还小）

为什么要把虱子绑在窗口？指名说，引导学生体会虱子是个活动的目标。

刚才我们说的来回动的梭子也是活动的目标。大家想想，要射中静止的目标已经挺难了，要射中活动的目标可是难上加难！

② 感悟"聚精会神"，读出专注的纪昌。

师：他那么专注地练习，最后练成了吗？

出示句子：那只小虱子，在纪昌的眼里一天天大起来，练到后来，大得竟然像车轮一样。

点拨：那比芝麻还小的虱子在纪昌的眼里一天天大起来，练到后来，大得竟然像车轮一样。感受寓言的夸张手法，生模仿句子来说话，练习夸张的修辞手法。

出示："昌以牦（máo）悬虱于牖（yǒu），南面而望之。旬（xún）日之间，浸大也；三年之后，如车轮焉（yān）。以睹余物，皆丘山也。"

③ 生齐读，再出示解释。

师：能读懂这段话吗？考考大家，纪昌这样练习，练了多长时间？他看周围其他的东西都像什么？出示原文解释，再出示课文原句，我们来比较一下两段话，你更喜欢哪一种表达方式？

有认真虚心的学习态度。（从纪昌听飞卫的话去练习解读）

有决心、毅力、恒心。（从纪昌学习基本功的时间去解读）

成功要有名师。（从纪昌拜飞卫，而飞卫是个射箭能手去解读）

（板书：请教飞卫）

注：此处学生言之成理即可。引发学生深入思考，使学生的思考面更广。

设计理念：交流反馈，引导学生发现，指导学生朗读，既达到了本单元语文素养中"了解故事情节，感受人物形象"的要求，让学生进一步感受纪昌的精神，也让学生感受到古文语言的表达魅力。

（四）回顾本课，总结成功原因

师出示"（　　）+（　　）+（　　）=成功"，让学生通过"想要获得成功，先要（　　），再要（　　），还要（　　）"的句型说出寓言的寓意。（写一写—小组分享—指名说）

设计理念：把课堂还给学生，培养学生自主、合作、探究的学习能力，让学生在固定的句式基础上总结归纳寓言的寓意，实现了语言训练与情感体验的和谐统一。

（五）复述故事，"说说他的故事"和"说说'我们'的故事"

设计理念：这一教学环节不仅培养了学生复述故事的能力，达到本单元语文素养中"简要复述课文，注意顺序和详略"的训练目的，还使学生进入了课文角色和课文情境，加深了学生对课文的感悟。

（六）拓展延伸

向学生推荐阅读书目《中国古代寓言故事》、古希腊的《伊索寓言》、俄国的《克雷洛夫寓言》、法国的《拉·封丹寓言》。

设计理念：课内课外相连接，拓展学生课外阅读，学生在阅读中感悟寓言文化，提高语文素养。

（七）布置作业

把《纪昌学射》这个寓言故事讲给你的父母听。

设计理念：巩固学习成果，把语文学习延伸到课外，以进一步落实语用。

【板书设计】

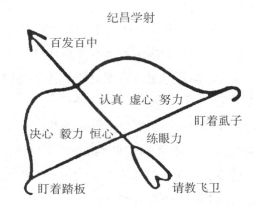

纪昌学射
百发百中
认真 虚心 努力
盯着虱子
决心 毅力 恒心　练眼力
盯着踏板　　　请教飞卫

板书可根据学生所说而调整。

【教学反思】

学生核心素养主要是指学生适应未来社会发展以及终身学习的关键能力与必备品格，它必然是宽泛而宏观的能力，而质量标准是与学科能力紧密相关的，是学生核心素养在某个学科当中的具体表现。小学语文课程担负着母语教学的重任。作为一个从教十多年的"小语人"，笔者经常在思考，该如何在核心素养的指引下，组织阅读教学呢？下面，笔者以统编版四年级上册第八组第27课《故事两则》中的《纪昌学射》一课的教学设计为例，来谈谈自己对语文核心素养在课堂阅读教学中渗透的一些思考。

（一）依托文本，落实语用

《纪昌学射》是一篇有趣的寓言故事，选自《列子·汤问》。讲的是纪昌拜飞卫为师学习射箭，在飞卫的指导下，先苦练眼力，待他能注视一个目标眼睛不眨一下且能把一个小目标看成大的后，飞卫才教他开弓放箭，纪昌最后成为百发百中的射箭能手。故事内容浅显，寓意却丰富深刻。在教学过程中，笔者依托文本，紧扣语言文字运用，组织教学内容。

语文课就应该上出语文味，教师潜移默化地把语言的学习与运用落实在教学活动中，扎实地指导学生进行语言实践，搭建交流平台，让学生在发现、感悟、积累中学以致用。

语文学科具有明确的工具性，学生若要掌握运用这种工具的能力，就务必先用自己的语言文字去表达与交流。"从语文教学本身的任务来说，语言实践既是语文教学本身的内容，又是语文教学促进儿童发展的手段。"

1. 抓关键词概括主要内容

在本节课的"初读课文，检查生字词"教学环节中，笔者分别出示了两组词语，第二组词语为"请教、练眼力、眨一眨、踏板、模糊难辨、聚精会神、开弓、放箭、百发百中"，在指导学生正确读准字音的基础上，让他们尝试运用本组词语概括课文的主要内容。利用关键词将课文的主要内容串联起来，不但降低了学生表达的难度，而且让他们对这种方法印象深刻，也为后面复述故事做好铺垫。

2. 句式训练引导想象

在《纪昌学射》教学中，笔者设计了多个语用训练点，如让学生感悟纪昌练眼力注视织布机踏板时的艰辛，笔者先让学生把他们的笔当作踏板，在眼前晃动30秒，眼睛不能眨一眨，当学生实验结束，笔者再采访他们的感受，并启发他们想象："当纪昌感到头晕时，他在想……""当他感到眼花时，他会想……""当他感到坚持不下去时，他又想……""当他的妻子劝他放弃时，他会说……"引导学生逐层想象，层层推进，感受纪昌练习射箭的决心、毅力和恒心，抓住文本空白处，让学生在想象中展现语言个性，培养学生的语言文字运用能力。

又如，当分析到纪昌苦练眼力，要把一个小目标看到很大时，"那只小虱子，在纪昌的眼里一天天大起来，练到后来，大得竟然像车轮一样"。为了让学生感受寓言中夸张的语言艺术魅力，笔者启发他们想象，纪昌除了看小虱子大到像车轮，他看别的东西有多大，让他们用"_____，在纪昌的眼里一天天大起来，练到后来，大得竟然像_____"想象说话。学生展开想象的翅膀，看小蚂蚁像大狮子，看小芝麻像大西瓜，看汗毛像大树……学生大胆的想象，新奇的构思，幽默的语言，让课堂笑声不断，学生在兴趣盎然中乐于表达，善于表达，达到了语言训练的最佳效果。

3. 情境再现，角色体验

运用情境进行语言训练，往往更能提高学生的学习兴趣，激发他们的表达欲。李吉林在《情境教学实验与研究》（卷一）中提出："'情境'使儿童的语言有了具体的材料，使抽象的语言有了生命和血肉，使语言扎根于儿童的思想之中，并且从思想中不断地发展起来。即情境——提供了语言材料——借助语言展开对这些材料的思维活动——运用语言去表达。"

在《纪昌学射》中，当学生提出纪昌的成功离不开他的老师飞卫的指导时，笔者让学生找出飞卫教导纪昌练眼力的两段话，让学生通过反复朗读感悟飞卫是一个怎样的老师，并让学生根据自身的感悟与笔者进行想象对话，再现飞卫教导纪昌时的情境。学生感到新奇有趣，大大增强了学习的积极性，学习效果也事半功倍。

再如，在解读全文，知悉寓意后，笔者设计了让学生以"说说他的故事"和"说说'我们'的故事"复述故事的活动环节。"说说他的故事"即让学生以第三者的角度讲述故事，提示学生可以用之前抓关键词概括主要内容或以思维导图的方式进行简要的复述，而"说说我的故事"则让学生站在纪昌或飞卫的角度讲述自己的故事，并给出相应的人物语言提示框，让学生在提示下进行情境想象——"我是纪昌，听说有一个叫飞卫的射箭能手，想拜他为师，于是我去找他，他对我说……""我是飞卫，一个有名的射箭能手，有个叫纪昌的小青年想要拜我为师……"这样的复述训练既是语言训练，也是思维训练，同时还是一种情感和认知的表达，让学生提高语言表达兴趣，培养语言运用能力，养成良好的语言表达习惯，从而敢说、会说、乐说。

（二）培养思维，启发创新

林婷在《我谈语文教学的感性和理性》中提道："语文教学本身就是一种复杂多维的综合体。语文教学在发展学生创造思维方面，具有广阔的空间和得天独厚的优势。"我们应自觉运用自己的教学艺术和创新设计，积极开发学生的思维潜能，启迪学生主动地想，合理地想，全面地想，辩证地想，打开他们创造思维的门扉，用心点燃他们创造思维的火花。

1. 开放式问题碰撞出思维火花

在《纪昌学射》教学中，笔者在学生扫清学习障碍后，让他们围绕问题"纪昌之所以能成为百发百中的射箭能手，是因为＿＿＿＿，我是从＿＿＿＿（段落、句子、词语）中得出的"。一方面引导学生找出纪昌成功的原因，从而感悟寓意；另一方面让学生用"之所以……是因为……"的句式来思考回答问题，引导学生对问题进行因果推理，逐步培养学生有关因果关系的思维能力。

此外，在学生读懂全文后，笔者出示一条公式启发学生思考："（　　）+

（　　）＋（　　）＝成功"，让学生在纪昌成功的经验中提取出他的成功之道，并让学生运用"想要获得成功，先要（　　），再要（　　），还要（　　）"的句型说出寓意。对于成功的原因，每个学生都有着独立的阅读感受，开放式的问题，尊重学生的自主权和主动性，鼓励多元解读，允许不同的答案，这样，学生能积极主动地参与到学习讨论中，发展了学生的创新思维，培养了学生的创新能力。

2. 思维导图（画图式）板书启发思维

运用思维导图（画图式）板书，更有利于启发学生思维，学生能对课文的重难点及关键词句一览无遗，图文并茂的形式更能吸引学生的注意力，帮助学生记忆，发展学生的思维能力。在《纪昌学射》中，笔者简单几笔勾勒出了一张弓，弓的箭尾板书"请教飞卫"，箭中板书"练眼力"，弓的两端分别板书"盯着踏板"和"盯着虱子"，弓的中间留白，让学生在品读课文的过程中自主板书出纪昌获得成功的性格因素（决心、毅力、恒心、认真、虚心、努力等），箭头处板书"百发百中"。通过图示（见【板书设计】），一方面对课文内容进行了有效的归纳与总结，另一方面为后面学生复述故事提供了支架。

（三）顺势体验，提升审美

1. 读悟结合，积累语言

新课标中明确对阅读教学提出了要求，让学生"在主动积极的思维和情感活动中，加深理解和体验，有所感悟和思考，受到情感熏陶，获得思想启迪"。在《纪昌学射》的教学设计中，笔者着力引导学生紧扣文中的重点词句阅读，在反复朗读中学习语言文字，体会纪昌学习射箭的决心、毅力和恒心，感悟他虚心和认真的学习态度。如在品读"妻子织布的时候，他躺在织布机下面，睁大眼睛，死死盯住织布机的踏板"这句话时，笔者让学生抓住关键词"躺""睁大""死死盯住"三个词，指导学生有感情地朗读并从中感悟出纪昌的品质，"你读到了一个怎样的纪昌""你来读一读，让我们感受到这样一个有决心（毅力或恒心）的纪昌"，通过正面引导，让学生在读中想象、感悟、理解、积累，并让学生根据自身的阅读体验在黑板上板书（其他学生在课本空白处积累词语），以读为本，夯实基础，培养学生的审美情趣和审美能力。

2. 延伸感受语言之美

在《纪昌学射》一课中，笔者在学生品读"那只小虱子，在纪昌的眼里一天天大起来，练到后来，大得竟然像车轮一样"的夸张艺术手法后，拓展阅读了《列子·汤问》中一小节相关的描写，"昌／以牦悬虱／于牖，南面／而望之。旬日之间，浸／大也；三年之后，如／车轮焉。以睹／余物，皆／丘山也。"通过现代文与文言文的对比阅读，让学生领略文言文的节奏美、语言美、意境美，并推荐学生在课后百度文言文原文阅读，让学生感受中国文字的博大精深，更好地体会语言文字之美。

（四）传承文化，开阔视野

语文作为一门语言课，具有工具性和人文性，肩负着弘扬和传播优秀文化的责任。在语文教学中，让学生更好地接受优秀传统文化的浸润与熏陶，充分开发、利用、整合课内外的学习资源，是每个语文人都应履行的职责使命。在本课教学设计的最后，笔者推荐学生阅读四本寓言故事：《中国古代寓言故事》、古希腊的《伊索寓言》、俄国的《克雷洛夫寓言》、法国的《拉·封丹寓言》，希望学生能带着"读懂小故事，收获大道理"及"读万卷书，走成功路"的要求读好书，读整本书，把本课的语文学习延伸到课外，在进一步落实语用的同时，学生能在寓言文化中感悟智慧，开阔视野，进一步丰富自身的语文素养。

《乡下人家》第二课时教学设计与反思

（统编版小学语文四年级下册第2课）

黎洁容

【教学目标】

1. 体会从平凡的事物、普通的场面展现出来的乡村生活之美。

2. 了解课文在空间、时间上交叉叙述的顺序。

【教学重难点】

重点：引导学生能随文章的叙述在头脑中浮现出一幅幅生动的画面，从而感受到乡村生活的美好。

难点：体会从平凡的事物、普遍的场面展现出来的乡村生活之美。

【教学过程】

（一）温故，引入新课

1. 师：亲爱的孩子们，在第一课时的学习中，我们已经概括出《乡下人家》带给我们的五幅场景：瓜藤攀檐图、花绽笋冒图、鸡鸭觅食图、院落晚餐图、月夜睡梦图。我们也学着马致远的《天净沙·秋思》作了一首词《天净沙·乡下人家》。

2. 温故知新，朗读《天净沙·乡下人家》。

天净沙·乡下人家

绿叶长藤彩瓜，

时花春笋鸡鸭，

归鸟夏风晚霞，

织娘晚唱，

最美景在乡下！

（二）品读语言，感受美景

1. 品读"瓜藤攀檐图"

师：我们跟随作者的脚步来欣赏这一幅"瓜藤攀檐图"（出示多媒体课件）。边读边思：你们在什么地方？（画出）看到了什么？（圈出）

师：瓜藤、叶、彩瓜给谁做了装饰？

（生汇报）

师：课文是怎么写的？（PPT出示）"青、红的瓜，碧绿的藤和叶，构成了一道别有风趣的装饰（shì），比那高楼门前蹲着一对石狮子或是竖着两根大旗杆，可爱多了"。

师：怎样装饰农家小屋呢？课文用了一个什么词？

（PPT出示）师：农家小屋是用瓜藤、叶、彩瓜做装饰的，而高楼门前会用什么装饰？高楼门前的庄严肃穆与农家小屋的别有风趣一对比，就显出我们农家小屋可爱多了。

自由读农家小屋的别有风趣、可爱。

小结：我们和陈醉云先生一样产生了这样的感受：这真是一道独特、迷人的风景线。

2. 品读"花绽笋冒图"

师：乡下人家不但种瓜，还种花、种笋。（PPT出示课文第2自然段，边读边思）你在什么地方？看到了什么？怎样写出作者的感受？

（生汇报）

陈醉云先生是怎么写的？（PPT出示）"有些人家，还在门前的场地上种几株花，芍（sháo）药、凤仙、鸡冠（guān）花、大丽菊，它们依着时令，顺序开放，朴素中带着几分华丽，显出一派独特的农家风光。"

（生读）

（相机出示PPT）瞧，春天来了，什么花开了？初夏，什么花开了？夏天到了，什么花开了？秋天到了，什么花开了？

师：这些花一个季节接着一个季节地开放了，所以就说它们是（依着时令，顺序开放），这些花一茬接着一茬地开放，是那样的绚丽夺目，所以作者用了一个词赞美它们，是什么词？（华丽，PPT出示）开放得如此华丽的花，它需要像兰花、牡丹这些娇贵的花一样在温室里，需要专人呵护吗？

（PPT出示）师：它普通得在我们乡下地方随处可见，随意可种，所以它的美就在于朴素中带着几分华丽。

师：有感情地朗读"朴素中带着几分华丽"。鲜花轮绽的美景，把谁也引来了？（PPT出示）"几场春雨过后，到那里走走，常常会看见许多鲜嫩的笋，成群地从土里探出头来。"

师："探"用在此处是拟人的修辞手法。

情境创设，假设你就是探出头来的笋，你会看到什么？会说些什么？

（生汇报）

师：一个、两个……无数个争先恐后地探出头来，一片生机勃勃的景象，所以陈醉云先生写道："成群地从土里探出头来。"

生有感情朗读"成群地从土里探出头来"。

师：孩子们，我们是怎样从作家的笔下感受到乡下人家房前的独特、迷人景色？归结学习方法。

PPT出示：读文段　　画（方位、时间、季节）　　圈（事物）

　　　　　品句（修辞或重点词）

　　　　　美读

"鸡鸭觅食图""院落晚餐图""月夜睡梦图"，你最喜欢哪个场景？读读自己喜欢的场景，并用"＿"画出表示时间、方位和季节的词语，用"□"框出描写的事物。找出自己喜欢的句子并抄写下来，说说自己的感受。

（生交流汇报）

师生互动。

师：小时候，我最喜欢看村子里的公鸡了，为什么呢？因为公鸡尾巴的毛好美！每天都期盼着快点到节日，到了节日，哪家把公鸡宰了，我就会守着，好得到那艳丽的公鸡的羽毛，做成一只漂亮的毽子。

师：城里人养动物吗？也会养。（相机出示PPT）他们会把它们作为宠物，把它们关在笼子里，圈养在家里或用绳子套着，出门拉着，不能任由它们到处乱跑。

师：我们乡下人家除了养鸡、养鸭，还会养些什么？

学生仿写。（导学案）狗、猫、牛……这些动物在我们乡下是怎样生活的呢？请你描绘一下它们的生活情境。

（生汇报）

学生分享交流"院落晚餐图"。

师：我们都沉浸在美好的乡村生活中。看看忙碌了一天的人们在干什么呢？

学生分享交流"月夜睡梦图"。

师：大自然就是我们乡下人家的家，多惬意呀！

师生齐读："若是在夏天的傍晚出去散步，常常会瞧见乡下人家吃晚饭的情景。他们把桌椅饭菜搬到门前，天高地阔地吃起来。天边的红霞，向晚的微风，头上飞过的归巢的鸟儿，都是他们的好友，它们和乡下人家一起，绘成了一幅自然、和谐（xié）的田园风景画"。

华灯初上，车水马龙，城市的夜晚是喧闹与繁华的，而我们乡下人家的夜晚是怎样的？

有感情地朗读课文第6自然段。

师："蝉噪林愈静，鸟鸣山更幽。"乡下的夜晚，也是因为有了纺织娘的叫声，越发显得宁静。

（三）拓展升华

1. 师：今天，我们在乡下走了一个来回，发现了乡下人家。

乡下人家，_____都是一道独特、迷人的风景线。（时间）

乡下人家，_____都是一道独特、迷人的风景线。（季节）

乡下人家，_____都是一道独特、迷人的风景线。（地点）

（独特、迷人）

2. 师：不论什么时候，什么季节，什么方位，乡下人家都是独特、迷人的。这是我们这些乡下人靠着一双勤劳的双手耕耘和创造出来的。爱我们的乡下环境吗？那就用一两句话来赞美我们的乡下人家吧！

（四）课外拓展

1. 阅读现代诗人戴望舒写过的一首小诗《在天晴了的时候》，它就在我们课本第104页。

2. 我是小画家：我能把最喜欢的一处乡下美景画下来。

3. 我是小作家：我会仿照课文介绍家乡的美景。

【板书设计】

乡下人家，_____都是一道独特、迷人的风景线。（时间）
乡下人家，_____都是一道独特、迷人的风景线。（季节）
乡下人家，_____都是一道独特、迷人的风景线。（地点）
　　　　　　　　　　（独特、迷人）

【教学反思】

《乡下人家》是统编版四年级下册的一篇精读课文。它用质朴生动的文字向读者呈现出一幅田园风光的写意画卷。课文通过描绘一个个自然、和谐的场景，展现了乡下人家朴实自然和谐、充满诗意的乡村生活，也赞扬了乡下人家热爱生活、善于用自己勤劳的双手装点家园、装点生活的美好品质。

笔者在讲授这篇课文第二课时的时候，主要通过"温故引新课—品读语言，感受美景—拓展升华"三大板块开展教学活动。第一课时的教学，学生已经概括出了五幅画面：瓜藤攀檐图、花绽笋冒图、鸡鸭觅食图、院落晚餐图、月夜睡梦图，厘清了整篇文章的结构，在此基础上，仿照马致远的《天净沙·秋思》作了《天净沙·乡下人家》。借用词这种文学体裁，开篇就让学生更好地感受到乡村生活的别致。

这篇课文的教学重点是"品读课文、感受美景"这个环节。引导学生从平凡的事物、普通的场面感受生活的美好。五幅画面，以前两幅"瓜藤攀檐图""花绽笋冒图"作为引路，从抓重点词语品读、知识的落实训练引导学生从平凡的事物、普通的场面感受生活的美好。如"瓜藤攀檐图"这个画面，围绕中心句"乡下人家，无论什么季节，什么时候，都是一道独特、迷人的风景线"展开学习，先让学生圈画出乡村的平凡事物：瓜藤、叶、彩瓜，抓住对比句"农家小屋与高楼门前的庄严肃穆"作对比，凸显农家小屋的可爱。又如"花绽笋冒图"这个画面，用拟人句"成群地从土里探出头来"，抓住"探"字，让学生想象说话："假如你就是探出头来的笋，你会看到什么？会说些什么？"教师引导学习了两幅画面后，归结学法：读文段—品句（修辞或重点句）—美读。学生利用归结的学法学习"鸡鸭觅食图、院落晚餐图、月夜睡梦图"，感受鸡鸭觅食的悠闲自在、院落晚餐的无拘无束、月夜睡梦的恬静舒适。

在讲授这篇课文时，课堂上的总体氛围还算不错，课文图画结合多媒体播放的图片、音乐，学生较易入情入境。多种形式的朗读，在读中培养语感，在读中感悟乡村生活的美好。在感知乡村生活"独特、迷人"的特点时，注重了知识点的落实训练到位，但学生汇报展示的环节过于仓促。这篇文章题材贴近农村生活，对于农村的孩子来讲是通俗易懂的，对于城市的孩子来讲却是看似近，实则远。笔者在上这一课时，忽略了"备学生"这个要素，所以导致这节课安排了太多的教学内容和教学环节，课堂生成的效果也远远出乎笔者的意料。

且行且思，每一次公开课都是一次历练，也是一次自我提升。

《听听，秋的声音》教学设计与反思

（统编版小学语文三年级上册第7课）

俞春梅

【教学概说】

新课程标准指出：语文教学要注重语言的积累、感悟和运用，注重基本技能的训练，为学生打下扎实的语文基础。本课的设计力求贯穿一条主线，让学生在听中想象，读中品味，写中运用，通过各项实践活动，使学生的诗歌鉴赏能力得到整体提高。

【教学目标】

1.会认9个生字，阅读诗歌，一边读一边想，和同学交流读后的体会。

2.仿照诗歌内容写几句诗文。

3.有感情地朗读诗歌。

【教学重难点】

重点：读诗歌，一边读一边想，和同学交流对秋天美好的体会。

难点：仿照诗歌内容写诗文。

【教学课时】

1课时。

【教学过程】

（一）导入新课

1. 课前激趣，背诵有关秋的诗句。

2. 齐读课题。

（二）初读课文，整体感知

1. 师配乐范读课文，学生一边听一边画出文中的生字，并注意生字的读音。

2. 学习生字。（课件出示）

3. 学生自由朗读课文，一边读一边思考：在诗中，你听到了秋天的哪些声音？

（三）品读想象，体会交流

1. 品读1~3节，四人小组合作讨论，选择自己最喜欢的一种声音，边读边展开想象：透过秋的声音，把想象到的画面描述出来。

2. 小组派代表汇报，并指导学生朗读诗句。

（1）学生甲汇报（黄叶）（随机）：

我听到了_____声音，透过_____的声音，我好像看到了_____，仿佛听见_____说："_____。"

（2）指名读。学生评价。指导学生朗读。

（3）学生乙汇报（蟋蟀）（随机）：

我听到了_____声音，透过_____的声音，我好像看到了_____，仿佛听见_____说："_____。"

（4）指导学生朗读。

（5）学生丙汇报（大雁）（随机）：

我听到了_____声音，透过_____的声音，我好像看到了_____，仿佛听见_____说："_____。"

（6）"叮咛"是什么意思？

（7）学生丁汇报（秋风）（随机）：

我听到了_____声音，透过_____的声音，我好像看到了_____，仿佛听见_____说："_____。"

（8）"歌吟"是什么意思？指导朗读第3节诗。

3. 指导学生学习第4、5、6节诗。

（1）学习第4节诗。"音乐厅"是什么意思？

（2）齐读第5节诗。问：有没有发现这节诗有什么特点？我们应该怎样去读这节诗。指导朗读这节诗。

（3）学习第6节诗。

4. 全班齐读全诗。

（四）仿写诗歌，积淀语言

1. 让学生说说秋天里都有哪些声音，然后让学生说说这些声音都像什么。

2. 让学生模仿这首诗的第1、2节，把自己听到的声音写下来。

3. 4人小组交流自己写的诗并派代表上台诵读。

4. 学生跟其他同学交流分享自己写的诗。

（五）师总结发言

【板书设计】

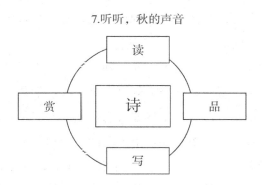

【教学反思】

这是一首语言精练优美、富有韵味的现代诗，作者以独特的视角描写了秋天的景物，赞美了秋天。虽然诗中描写的景物很普通、很常见，但由于视角独特、语言精练，再加上受学生年龄、思维的限制必定有一些只可意会、不可言传的美蕴含其中。为此笔者借助多媒体引导学生读诗，在读中理解美、感悟美、表现美，收到了较好的效果。

（一）朗读理解美

理解课文是需要读的，理解诗歌更是如此，所以教学这篇课文，笔者的基本定位就是读，有感情地读，读出感情，在读的同时想点什么、说点什么，就是收获。读第1节时，学生读出了黄叶飘飞，读出了依依惜别；读第2节时，学生读出了"振动翅膀"的原因，这些不正是新课标精神所要求的吗？

（二）活动感悟美

阅读是学生的个性化行为，不应以教师的分析来代替学生的阅读实践。应让学生在主动积极的思维和情感活动中加深理解与体验，有所感悟和思考，受到情感熏陶，获得思想启迪，享受审美乐趣。这节课没有琐碎的分析，没有生硬的说教，学生对美的感悟表现在一系列的活动中，听、找、说、悟、写，多器官共用，学生的学习是紧张有序的，是生动活泼的，他们兴致勃勃，无时无刻不在感受美。

（三）写作表现美

新课标倡导学生在自主学习、合作探究的基础上，大胆发表不同见解，倡导个性化阅读。引导学生发表自己的见解是个性化的最好体现。在理解课文时学生读读说说，逐渐感悟到诗歌蕴含的美。仿写是学生理解感悟的再现，是学生口头表达的训练，也是学生对美的创造。

不足之处：教案好比一个剧本，而教师又不仅仅限于"导演"，不能完全按自己的预设进行。笔者一直在努力创设一个宽松、愉悦、活泼的学习氛围，但从学生的学习热情来看，有些不尽如人意。因为平时上课时很少采取小组合作的形式，所以课堂没有操控自如。由于时间掌控得不好的关系，没有给予学生足够的自我朗读展示空间。对于学生的仿写作品，如果通过展台展示给大家，再配上学生的评价，效果会更好些。学生在朗读创作过程中大胆地尝试，体验秋的美，但笔者也看到了个别学生的茫然，需要给予他们更多的指导与思考的时间，因为学生的发展水平是参差不齐的。

下篇

教学研究

　　著名学者肖川在《我们为什么要写作》中说过："造就教师的书卷气的有效途径，除了读书，大概就是写作了。写作最能体现一个人的综合素质。"两年多的时间里，学员们在教学之余勤于笔耕，写下了不少优秀的教育教学论文，有的获奖，有的发表。记得有位学员在文章发表后说道："这篇论文就像我十月怀胎的孩子，过程既艰辛又幸福。我把这个来之不易的收获看作'初生儿'，虽有些娇气，但却告诫我日后要多积累经验，更耐心地去创作更多的'孩子'。"言语间充满了喜悦和感慨。

　　本篇共收录了9篇教学论文，是学员们就语文学科素养的培养和教学方法的探索所做的实践与形成的经验。

推动师生共读　提高阅读质量

——以统编版小学三年级语文教材为例

肇庆市第四小学　潘炜嫦

阅读是小学语文教学中的重要内容，是间接获得知识的重要途径。《义务教育语文课程标准（2011年版）》明确指出：应具有独立阅读的能力，学会运用多种阅读方法。有较为丰富的积累和良好的语感，注重情感体验，发展感受和理解能力。在当前的小学语文阅读教学中，存在师生交流困难、阅读质量不高等问题，影响小学生语文学科核心素养的培养与提升。阅读不是教师或学生单方面可以完成的，真正有效的语文课堂教学应是师生共读的教学模式，这种模式可以促进师生间的交流，弥补小学生经验不足的弊端，丰富学生的情感体验，通过教师的读激发学生读的兴趣，从而提高阅读的质量。笔者结合统编版小学三年级语文教材，对师生共读的教学模式进行进一步探讨，力求为小学语文教学的改革提出一些有益的思考。

一、开展示范阅读，形成共读氛围

阅读是一项持久性的工程，需要时间和环境。本文提到的阅读更多的是在课堂教学过程中的阅读，教师的示范阅读对于学生而言尤其重要，不仅可以带动阅读的氛围，还可以实现师生共鸣。教师的示范阅读可以有多种形式，如唱读等，关键在于通过示范阅读，为学生树立阅读的榜样。例如，《火烧云》是一篇非常优美的散文，散文的意境需要读出来，这就需要教师的引导。教师应从神态、语言、停顿等各方面做好功课，并选择优美的轻音乐作为伴奏，让学生在感受美的同时加深对文本的理解与认知。身教重于言教，学生受到熏陶，自发地开展阅读。再如，《去年的树》一文，树、鸟儿、女孩有一些对话，对话时的身份不同，语调不同，情感也不同，这些都需要在反复斟酌后朗读出来。

二、把握文本关键，品味语言魅力

一篇优秀的文学作品在文字的使用方面非常精准，从标点符号到字词，再到句子都是阅读中应该留意到的。不同的标点符号往往表达着不同的意思和情感，在阅读中这些并不是简单地"灌输"给学生，而是通过阅读展示出来的。例如，《铺满金色巴掌的水泥道》中有两处省略号，分别是"从脚下一直铺到很远很远的地方，一直到路的尽头……"和"愉快地蹦跳着、歌唱着……"将秋天的意境表现得淋漓尽致，在阅读时也应稍微放慢些，边读边品。细细观察，文本中的每个字词都是经过反复斟酌的，体悟用词的妙处可以有效提升理解能力与分析能力。采取合作学习的方式，师生共同探讨，学习有趣更有效。又如，《燕子》一文轻松明快的笔调是逐过一个个生动的词语展示出来的，尤其是描写燕子飞行的动词，"聚拢""横掠""沾"等，将活泼的燕子形象描写得淋漓尽致，这也是阅读中的关键。从字词的品读到句子、段落的品读，是理解的深化与能力的提升。看似简单的字词，以一定的方式组成句子，就能产生深远的意蕴。通过句子的品读，可以从整体上把握文字的意思，感受作者的情感。再如，诗歌《听听，秋的声音》，一排排大雁追上白云，它们说了什么？一阵阵秋风掠过田野，它们留下了什么？这些是想象，更是秋天美景的表达。总之，师生共读中有很多经典的句子，教师应引导学生在理解的基础上通过朗读、背诵进行文字的积累。

三、掌握共读时机，丰富阅读方式

师生共读是课堂教学的重要部分，共读时机的把控对共读的成效具有重要影响。掌握共读时机，应根据文本性质、学生状态等，及时对学生进行正确积极的引导。例如，《搭船的鸟》展现了大自然的美丽神奇，在对课文的生字、生词掌握之后，教师应引导学生深入阅读文本，边读边想，搭船的是什么鸟？这种鸟有什么特点？在分析时，不断地强调文本，加深理解。阅读是一门艺术，阅读的方式在一定程度上影响到阅读的效果。传统的阅读是单向的，教师读或者学生读，长时间采用这种阅读方式会打消学生的阅读积极性，降低阅读的质量。因此可以采用师生分角色朗读、配乐朗读、编排成话剧朗读等，提高学生的阅读兴趣。又如，《陶罐和铁罐》一文是一篇童话故事，告诉我们陶罐很谦虚，铁罐很傲慢，阅读时的语气也不同，可以由师生分别扮演不同的角色，再进行角色互换，感受角色的性格特点。很多童话故事的题材，都可以采用这样的阅读方式，让学生在快乐的氛围中体会形象。

四、实现平等交流，挖掘文本内涵

师生共读是一个师生之间相互交流的过程，交流的成效在很大程度上决定了共读的成效。在交流过程中，主张发挥学生的自主性，激发学生的学习潜能，引导学生将内心的情感通过语言表达出来，促进思维的发展和语言能力的提升。师生之间的交流应是平等的，每个人都可以在情理允许的范围内发表自己的见解，在尊重、信任的基础上调动学生的积极性与主动性。交流应在教师的指导下进行，可以从细节入手，也可以着眼于作品的全景，以读解读，进一步挖掘文本内涵。例如，《纸的发明》是一篇说明文，造纸术发明以前，西汉、东汉以及后来，整体把握这一线索，使得对文本的理解更为清晰。另外，应注重阅读的迁移，即课内阅读与课外阅读的结合，丰富学生认知体验。可以单元为单位，围绕单元主题，选择适合师生共读的作品，读后展开交流，提高综合素养。

五、结束语

师生共读需要师生共同做出努力，教师与学生在阅读、交流等方面虽然处于平等的地位，但是应践行以教师为主导、学生为主体的教学理念，在阅读实践中加强对学生的指导与帮助，维持学生阅读兴趣的同时留意学生的阅读表现，促进学生知识与能力的内化，真正提高阅读质量。

参考文献

［1］解艳华."师生共读一本书"小学语文课堂教学模式探索［J］.课程教育研究，2019（3）.

［2］刘海燕.以"师生共读整本书"为方式的小学语文阅读教学策略探讨［J］.课程教育研究，2018（11）.

［3］陆星梅.小学语文核心素养的培养：课程化实施师生共读［J］.教育视野，2017（10）.

［4］蔡云珠.激趣　品言　提质——"师生共读一本书"小学语文课堂教学模式探索［J］.福建教育学院学报，2016（11）.

阅读，让学生遇见更好的自己

——浅谈基于语文核心素养的小学生阅读兴趣螺旋式上升的策略

肇庆市第七小学　陆文君

　　阅读能力是语文核心素养的重要组成部分，也是学生语文素养整体结构的外化表现。为了提升小学生的阅读兴趣，达到螺旋式上升的目标，针对当前小学生的课外阅读现状，提出三个方面的策略：有梯度地选择阅读素材，有效开展分层阅读教学，螺旋式激发学生阅读兴趣。

　　崔峦老师认为，小学语文学科素养涵盖以下五个方面：一是人格雏形的培养；二是夯实听、说、读、写、书（指书写）的基础；三是提升阅读素养；四是培养自学能力、独立思考能力；五是增加文化积淀，培养爱美的情趣。其中，阅读是语文教育的核心之一。阅读能力是小学语文核心素养的重要组成部分，也是学生语文素养整体结构的外化表现。

　　那么，在具体的教学中，教师应该如何有层级地开展阅读活动，有针对性地提高学生阅读兴趣，从而使学生的阅读兴趣达到螺旋式上升的境界呢？

一、当前小学生课外阅读现状分析

　　在阅读量方面，语文课程标准提出，小学生课外阅读总量不少于145万字。但是小学教材的阅读总量大概是40万字。所以，课外阅读的任务量占更重的比例。第十六次全国国民阅读调查报告资料反馈：2018年，小学生的人均课外图书阅读量为9.49本。针对这项调查，我们可以看出，小学生的课外阅读量普遍偏低，尚未达到课标要求。

　　在阅读习惯方面，根据小学生的认知水平和心理发展特点，他们主要是无意注意影响着阅读习惯。当前社会，科技的进步，使纸质化的阅读慢慢被淡化，而电子阅读器、文化快餐却盛行，使得小学生的阅读习惯的形成受到影响。同时，小学生对世界具有强烈的好奇心，但阅读的持续性和阅读兴趣的螺旋式上升两个方面情况不太理想。

在阅读兴趣方面，皮亚杰把儿童智力划分为四个阶段，即感知运动阶段、前运算阶段、具体运算阶段和形式运算阶段，阅读需要运用到学生的具体运算思维。当今社会，电子媒体设备的进步，图像、音效等吸引了小学生的注意力，使其对文字阅读的兴趣大大削弱。同时，商家为了提高销售额，推出各种不符合小学生身心特点的书籍，导致学生选择书籍类型时出现偏差，其兴趣点与新课标和核心素养的目标相去甚远。

二、策略提出

（一）有梯度地选择阅读素材

课外阅读材料的选择应遵循科学性、合理性、适应性的原则，与小学生的身心发展特点相适应，同时也要具有趣味性。更重要的是，为了让学生的阅读兴趣呈现螺旋式上升，应该有梯度地选择课外阅读材料。优秀的阅读材料是推动学生阅读兴趣必不可少的前提。然而，随着小学生年龄的增大，对阅读的需求和阅读的兴趣点不同，会不断产生变化，我们应该适度进行调整。

例如，肇庆市第七小学推行了"养正阅读系列丛书"，笔者也有幸参与编写。在策划时，我们将推荐书目分为三个学段：低年级学段、中年级学段、高年级学段。在推荐书目的选择上，我们结合学生不同学段的年龄特点和学习要求选择。与此同时，根据本班特点，在系列丛书使用时，笔者也灵活使用。为了让每一个学生可以有梯度地选择阅读材料，笔者举行了"书籍认购"的活动，侧面观察学生的阅读效果，避免让阅读仅为三分钟热度。阅读在活动的带动下变得生动、有趣，学生成了阅读行为的主人。

从上述案例中可以看出，有梯度地选择课外阅读材料，对于小学生的个体阅读兴趣的激发以及小学生学段课外阅读的开展是具有针对性的，也更能激发他们的兴趣。而且，每一个学段的材料的不同针对性，使他们的兴趣不断被激发，达到螺旋式提升的效果。

（二）有效开展分层阅读教学

分层进行课外阅读教学，可以针对学生的兴趣爱好、认知水平、个性特点开展，对于学生个人本位的发展，纵向的提升具有不可估量的意义。但其操作难度与评价方向相对难以把握。这就需要教师制定行之有效的策略。为此，教师可以针对每个学生制定不同的课外阅读目标，选择不同层次的阅读提问，让学生能够在这样的教学中享受阅读带来的快乐。

例如，在三年级，导读课应运而生。导读课围绕"看""听""读""想"开展。看，就是看封面，激发兴趣；听，就是听朗读，认真思考；读，就是开口读，多方式体验；想，就是想收获，懂方法。通过课外作品的引导阅读，让学生掌握多种阅读方法，学生的语文素养也有了一定的提高。渐渐地，每月一节的导读课已经满足不了学生的需求，在平时的教学中，笔者突破时间和空间的限制，进行由课内向课外的延伸，探索"1+X"的阅读教学模式。在课文里，挖掘情节、主题、文体、背景相关的元素。以教材为中心，实现课堂的大容量阅读，从而提升学生阅读素养。每周，笔者会看学生课外书中的批注，与学生进行无声的交流。书正以它独特的姿态摇动着学生的心灵。分层阅读教学就体现在这样的课堂中。同时，每个学生制定属于自己个人的阅读量化表，结合肇庆市第七小学的《阅读养正手册》，进行学生的个性化阅读成果记录，使学生在"够得着"的地方摘下阅读的果实。同时，针对学生的个体水平合理评价，学生在这个过程中遇见更好的自己。

（三）螺旋式激发学生阅读兴趣

阅读兴趣呈现"被激发—消散—再次激发—消散"这样循环往复的结构。学生的兴趣只有不断被激发，才能保持在一个较为持续的水平。当然，兴趣的激发分为内驱力和外驱力。我们既要考虑到学生的内驱力，又要考虑学生的外驱力。内驱力可以是学生本人对知识的渴求，是学生对自己能力的要求等。外驱力可以是书本本身的魅力，如续集、情节等；也可以是家长、老师的要求；还可以是比赛任务的激励……

例如，我校开展了养正读书节活动。结合我校的养正读书节活动，笔者在班上开展了"家长—老师—学生"三位一体的阅读，邀请家长到课堂，与学生、老师通过多种形式分享。通过一系列的活动，既提升学生的内驱力，又使家庭、学校、个人的参与感大大提升，从而形成三股动力共同推动学生的阅读兴趣向前发展。由于有了阅读的积累，学生的语文素养明显提高，学生也在阅读中遇见了更好的自己。

三、结语

"读之者，不如好读之者；好读之者，不如乐读之者。"阅读是一项长期工作，回望过去，它陪伴了孩子童年，展望未来，将继续带领学生走向更好的未来。教师要与时俱进，不断更新教学观念，探索教学方法，因材施教，真正提高学生的阅读水平，发展学生的学科核心素养。在核心素养的视野下，教师开展阅读教学要有梯度地选择阅读素材，有效开展分层阅读教学，螺旋式激发学生阅读兴趣，从而让学生的阅读兴趣达到螺旋式上升，遇见更好的自己。

参考文献

[1] 陈振玲.浅谈提升小学语言文字训练的有效性 [J].教育教学论坛，2014（12）.

[2] 郑文.浅谈小学生口语表达能力的培养 [J].赤子（上中旬），2014（16）.

[3] 钟启泉.核心素养的核心在哪里——核心素养研究的构图 [N].中国教育报，2015-4-1（04）.

[4] 朱丽玲.浅谈小学语文阅读教学中对学生核心素养的培养 [J].教育，2017（3）.

[5] 薛松宝.运用"学习金字塔"理论　打造高效语文课堂 [J].赤子，2012（6）.

小学语文阅读课堂的语感训练探究

封开县画丰镇中心小学　伍慧媚

在多年的教学过程中，笔者把比较直接、快速而精准的语言文字感悟能力培养作为小学语文阅读课堂的语感训练。课堂上笔者紧抓听、说、读、写的能力培养，因为有了有效的语感训练，小学生的听、说、读、写变得轻而易举，也提高了学生鉴赏文学作品的能力。以下是笔者培养小学生语感训练的感受和体会。

一、在阅读朗读中培养语感

阅读教学，指导学生有感情、正确地朗读课文很重要。让学生在阅读朗读中整体感知课文，在阅读朗读中培养语感、熏陶情感。这种情感训练主要是在课堂上充分阅读的基础上，教会学生模仿能力和朗读技巧，让学生身入其境，用心阅读，读出语感，在阅读朗读中培养语感。学生通过朗读中的各种语气的变化去感受课文语言文字所表达的情感，从而去体会文学作品中作者所表达的思想感情。我们传统的语文课堂教学以语感积累为主，把课文朗读作为辅助教学，品味文学作品的教学没有得到重视，文章的内涵也没有得到深入的体会及领悟。因此教师应该结合统编版教材中的教学内容，指导学生朗读技巧，从而感受语言文字中的魅力，领悟其中的美。

例如，笔者在进行《匆匆》这篇课文朗读的过程中，要求学生从文中找到自己喜欢的语句进行朗读和品味，在对"过去的日子如轻烟，被微风吹散了，如薄雾，被初阳蒸融了"进行品读时，其中运用的修辞手法为比喻，将过去的日子比作轻烟、薄雾，将学生原本无法理解的时间形象地展示出更加清晰、鲜明的内容，眼前自然地出现缥纱的轻烟、薄雾，时间立刻变成了看得见、摸得着的实物，当微风把轻烟吹散、初阳把薄雾蒸融时，时间也匆匆了。当读到"天黑时，我躺在床上，他便伶伶俐俐地从我身上跨过，从我脚边飞去了"，轻巧、迅速的时间从拟人的修辞手法中得以重现。之后笔者让学生对这些语句进行反复朗读，从中感受，展开想象，与文章的作者在思想上产生共鸣，惋惜时间的来去匆匆。再如，在进行《凡卡》教学时，对于凡卡在老板和伙计都不在家偷偷写信时的环境描写一段，笔者带着忐忑、悲伤的感情先对文章进行示范阅读，之后再让学生模仿笔者的朗读方式进行阅读，并在阅读过程中思考：这句话应该如何阅读？为什么要这样阅读？阅读后体会到了什么？之后笔者根据故事情节变化将凡卡写信时的心理及神态变化展示于课文阅读过程中，指引学生进行阅读，与描写环境的句子进行比较阅读。通过反复阅读，学生感受到凡卡在害怕被发现的背景下，给爷爷写信的复杂心情，怕被老板发现后换来毒打的心理。在朗读过程中，不断体会到文章主人公的悲惨命运，有感情朗读可以让学生进入文学作品的意境中，这也在一定程度上丰富了学生的语感。

二、在阅读想象中培养语感

在阅读教学中要让学生自己走进文学作品中，获取他们的个性化体验。引导学生在阅读想象中培养语感，通过自读自悟、质疑探究的方法去理解文本内容，用自己独有的见解去感受文本中蕴含的情感。同时，在文学作品的学习过程中，达到提高语感的有效训练。联想和想象是小学生语感生成的主要方法之一，可以把情感的变化和情绪的散发转化为个人的体验，也就是在阅读课堂教学中指导学生通过语言文字的学习，培养学生丰富的想象能力，让学生在脑海里重现课文中描写的情景，使学生产生一种身临其境、耳闻其声、眼见其人这样一个语感训练形态，促使学生在其中感受语言的魅力，从而获得快速、多样的语感培养。

例如，在进行《葡萄沟》讲解时，教师可通过其中几句优美的语句，引导学生对葡萄沟盛产葡萄产生向往之情，体会少数民族的热情好客，而且当地葡萄干在全国享有美誉，使学生眼前浮现新疆吐鲁番葡萄沟的画面。又如，《我爱故乡的杨梅》讲解时，"细雨如丝，一棵棵杨梅树贪婪地吮吸着春天的甘露，它们伸展着四季常绿的枝条。一片片狭长的叶子在雨雾中欢笑着。"作者把杨梅树想象成一个饥渴的孩子，得到了母亲的关爱与呵护，开心、活泼、可爱的形象将春雨拟人化。合理的想象在学习过程中能使学生强烈的情感得到升华、愉悦、高效的课堂也体现了出来。促使学生感受作者的观察细致和用词优美，激发学生热爱祖国、热爱家乡的一草一木，从而使阅读课堂的语感训练也达到相应的训练目标。

三、在阅读情境中培养语感

利用情境教学方式主要是结合学生需要进行创设，结合教学目标而创设的教学场景及阅读氛围，以此来激发学生对阅读的兴趣，将学生原本的被动学习模式转变为主动学习模式，进而激发学生潜在的情感表现，将其与实际教学相结合的一种教学模式。教师要根据学生的特点，依据教材内容，创设阅读情感，设置阅读提示，引导学生积极思考，创造出吸引学生的学习情境，激发学生强烈的学习兴趣。现在统编版教材中的情感体现主要是显性情感和隐性情感两种，我们通过多媒体、课件和音乐，或使学生在课堂中自然而然地感受到其中隐含的情感。课堂上教师展示具有鲜明特征的人物形象，从教材中感受到文章表达的情感，引导学生在实际教学中的主体地位，促使情境教学模式更具有鲜明的感染力和深入的发展。

如教学《詹天佑》一课时，课文中有这样一句话："詹天佑不怕困难，也不怕嘲笑，毅然接受了任务，开始勘测线路。"这是一句承上启下的过渡句，课堂教学时，教会学生两段内容不同的段落中间可以用同样的语句连接。又如学会了"风和日丽"一词，就要求学生归类并积累描写天气的词语："春暖花开""云淡风轻""万里无云""秋高气爽"……学生发言表现比较积极，之后教师引导学生进入对《詹天佑》这篇课文的学习。此时，学生的学习兴趣极浓，在接下来的学习中，学生对文章内容的理解也比较到位，能够有感情地进行课文朗读。再如，在进行《开国大典》讲解时，教师利用音乐的方式为学生创设教学情境，促使学生对新中国的诞生产生无比自豪、激动的情感，激发学生内心的情感共鸣，能够快速进入课堂学习中，从而理解阅读教学的内容，有效地提高了语感训练。

四、在联系生活中培养语感

叶圣陶先生说："要求语感敏锐，不能单从语言文字上去揣摩，而是要把生活经验联系到语言文字上去。"课堂经验来自生活，生活中的所见所闻是培养学生语感能力的天地。用丰富的生活见识与强烈的语言表达来进行语感培养，两者之间属于相辅相成的关系。

1. 在联系生活中培养语感。例如，在讲解《丰碑》这篇文章时，"将军什么话也没说，大步走进漫天的风雪中，他听见无数沉重而坚定的脚步声。"教师通过引导学生结合生活实际理解，如在实际生活中什么事件会令你心情沉重？将学生的思维与教学相融合，促使学生深切体会到：红军战士会因为失去军需处长而心情沉重，军需处长舍己为人、大公无私的品质值得他们学习，能够激励他们面对困难，勇于战胜困难，最终取得革命胜利。这样，学生也就逐渐领悟了文章内涵。

2. 在生活体验中培养语感。在日常生活中训练学生的语言能力，生活体验也是提升学生语言能力的一种方式。教师需要有目的、有计划地开展各种体验活动，如让学生体验生活。笔者所带班的学生都是来自农村，家中养有各种家禽，课堂上很多同学会提到鸡鸭鹅这些家禽，也会说出其大小、品种及特征，如公鸡性格好胜，母鸡凶恶等。再如，欣赏农村美丽的风景，春天的时候万物复苏，百花齐放；夏天到处都是郁郁葱葱，山林、田野是那样的生机勃勃；秋天走到哪儿都是一片成熟的金色、收获的景象；到了冬天寒风凛冽，处处都能引发孩子们丰富的想象。在教学过程中，将语言与生活相融合，有利于提高学生的阅读语感能力。

五、在练说练写中培养语感

在阅读教学中要引导学生多读，在读中品味、培养、积累，在形式多样的朗读中学习语言文字，强化的训练是对口头语言和书面语言的感悟。语感培养不是一天两天的事情，而是长时间通过学习规范化的语言获得收获，强化学生听说读写能力，培养学生对文章的理解能力。

1. 感悟文本，学会仿写。所谓"仿写"是学习文学作品的写作方法，试着写自己生活中、学习上看到的或听说的事情，主要目的是训练学生认真观察的能力和口头表达能力，并在一系列训练中能够进一步领悟课文内容，同时提高写作能力，是高效阅读课堂的有效途径。仿写不是生搬硬套，而是学习完新知后学生自我表达的体现，最终形成自己的风格才是仿写的目的。仿写的训练方法有多种，如仿句式。可以模仿文中的句子运用的修辞手法进行写话训练，比喻、拟人、排比和夸张等修辞手法就是小学语文阅读课堂的平常训练。通过句式的练习，可以培养学生的口头语言和书面语言表达能力，这也是小学语文阅读课堂语感训练的最佳方法。

2. 理解文本，写读后感。撰写读后感是一种可以提倡的语感训练。每学习完一篇文章，教师抓住时机适时提问："学了这篇课文，你懂得了什么？此刻你心里会想到什么人或事？"让学生写读后感，帮助他们的情感得到延伸，发表自己心中的想法，宣泄自己的情感。同时，书面语言的表达也经历了一次锻炼，在一次次的语言运用中增强了语感。比如，《一个村庄的故事》《穷人》《跨越百年的美丽》《鲁滨孙漂流记》等都是可供孩子练笔写读后感的好文章。

培养语感，一方面是提升小学语文阅读教学水平的一种有效方式，有利于促进学生语文核心能力的培养；另一方面对促进学生全面发展，提升语文素质教育质量有积极意义，更为语文阅读课堂教学改革提供了有力的保障。今后的语文阅读课堂，语感的培养将会结出更加骄人的成果。

参考文献

[1] 叶圣陶.写作漫谈［M］.上海：上海文艺出版社，1982.

[2] 王瑞兴.小学语文教学随笔［J］.考试周刊，2014（25）.

[3] 陈鑫莉.论小学语文教学中语感的培养［D］.呼和浩特：内蒙古师范大学，2008.

[4] 温菊花.小学语文语感培养策略［J］.基础教育研究，2017（22）.

抓实单元训练点　提高阅读教学实效

德庆县官圩镇中心小学　李世炯

　　2019年9月新学期开始，小学一至六年级的语文学科都统一使用了统编版教材。我们在进行培训的时候较清楚地了解和认识了统编版教材的单元编排大部分都具有"单元主题"加"语文要素"的特点，基本上每一组课文都围绕着"单元主题"和"语文要素"知识点训练的编写形式。那么，如何抓住统编版教材单元的这个编排特点，提高阅读教学的实效呢？笔者认为：抓实统编版教材单元的训练点，是提高语文阅读教学实效的有效途径之一。下面，就以中年级统编版教材为例，谈一谈中年级的阅读教学。

　　《义务教育语文课程标准（2011年版）》中指出：阅读是收集处理信息、认识世界、发展思维、获得审美体验的重要途径。我们作为语文老师，平时，在阅读教学中总想充分利用课堂40分钟的时间把每一点知识都传授给学生。但正如俗话所说的"欲速则不达"，因为阅读教学是学生、教师、文本之间多重对话的动态过程。而在我们教学课文时，应该根据每组单元的不同训练点，根据班级中学生的不同学情，抓实单元的训练点进行阅读教学。

一、明确单元训练点

　　大家都知道，统编版教材在每组课文前都安排了较简单的单元"导读"，这个"导读"直接点明了学习主题，还明确了语文要素的训练点，方便教师和学生从内容和形式两个方面去关注语文。因此，教师在进入一个新单元的教学时，都应该留出时间让学生较充分地阅读"导读"，让学生弄清楚单元主题和语文要素训练点，明确本单元的学习目标。这样整个教学活动就能做到"有的放矢"。

如在统编版小学语文三年级上册第二单元的学习中，我们可以先让学生自读单元"导语"："金秋的阳光，洒在树叶上，洒在花瓣上，也洒在我们的心上"，让学生体会这是一个以"金秋时节"为主题的单元。然后让学生找出"运用多种方法理解难懂的词语"这个语文阅读要素和"学写日记"这个习作要素。如在《赠刘景文》这首诗的教学中，要让学生明确"运用多种方法理解难懂的词语"这个语文阅读要素，并引导学生通过回顾复习，进一步重温学过的了解词语的方法。且根据学生原有的知识经验，帮助学生梳理小结"借助注释、借助图画、查字典、联系上下文、联系生活经验"等理解词语的方法。因此，在本单元《古诗三首》的教学中，我们可以侧重引导学生借助注释理解古诗中难懂的词语，如在《赠刘景文》一诗中，借助注释，较容易地让学生理解了"荷尽已无擎天盖"的"擎"就是"举，向上托"的意思；在《铺满金色巴掌的水泥道》这篇课文的教学中，我们可以重点引导学生运用"联系上下文、结合生活实际"等方法理解文中的重点词语；而在《秋天的雨》的教学中，我们则可以"五彩缤纷"为例，引导学生用不同的方法理解词语的意思。

这样，我们在本单元的教学中，根据不同内容的课文，紧紧地抓住"运用多种方法理解难懂的词语"这个语文阅读要素的训练点，就能更好地提高阅读教学的效果。

二、落实单元训练点

我们知道统编版教材编排的主要特点是：按照专题组织教材内容，以读写训练重点为核心，以培养学生自学能力为目的来组编教材而形成一个"训练组"的。所以在教学中，我们可以抓住单元训练点，引导学生进行阅读训练，达到以读促写的目的。

如在统编版教材四年级上册第三单元课文的教学中，教师可以首先通过学习"单元导读"，明确"处处留心，连续观察"这个单元主题，帮助学生弄清楚这个单元围绕单元主题编排了《古诗三首》《爬山虎的脚》《蟋蟀的住宅》这三篇课文。而且，通过对"导读"的学习，清楚了"阅读要素——'体会文章准确生动的表达，感受作者连续细致的观察'和习作要素——'进行连续观察，学写观察日记'"是这两个单元的训练点。进行本组单元训练点的训练，目的是使学生学会观察的方法，进行连续观察，让学生进行细致、仔细的描写，体会文章准确生动的表达和对事物的描写。

那么，在课堂教学中，如何去落实单元训练点，从而提高阅读教学的实效呢？

（一）在文本教学中落实单元训练点

在统编版教材四年级上册第三单元《爬山虎的脚》的教学中，我们可以抓住"体会文章准确生动的表达，感受作者连续细致的观察"这个训练点，在学习"课文3~5自然段的时候，由于作者形象地把爬山虎茎上的细丝比作脚，非常生动地描写了爬山虎的脚的样子，以及它是怎样往上爬的""那些细小的脚，你会想起图画上蛟龙的爪子"……这里，教师可以让学生体会作者细致、准确形象的语言，体会描写爬山虎叶子和脚的细微变化，从而感受植物的无穷魅力，增加热爱大自然的情趣。同时指导学生认真读文，学习"课文2~5自然段中的'不几天—今年—原先—现在—不几天—后来—逐渐……'"等词语，引导学生体会作者观察的方式——不仅细致地观察事物，而且在不同的时间点对事物进行连续观察，这样才能看到它不断变化的过程。

而在统编版教材四年级上册第三单元《暮江吟》《题西林壁》《雪梅》这篇《古诗三首》课文教学中，首先要通过引导学生阅读，抓住"从不同角度观察景物"去思考，感受《暮江吟》《题西林壁》《雪梅》三首古诗中的自然美和语言美；在《蟋蟀的住宅》一文的教学中，教师可以引导学生紧紧抓住"体会文章准确生动的表达，感受作者连续细致的观察"这个训练点，体会作者准确生动的表达，再现蟋蟀住宅的特点及修建过程，感受蟋蟀吃苦耐劳、不肯随遇而安的精神，从而进一步体会作者对蟋蟀的喜爱之情。

（二）在课后练习中落实单元训练点

课文中的课后练习内容，作为复习和巩固文本中的教学内容与知识点的一个补充，我们在教学中也可以通过解决课后练习的方法，落实单元训练点。如在统编版教材四年级上册第三单元《爬山虎的脚》课后练习中的"说说从哪些地方可以看出作者观察得特别仔细"和"说一说爬山虎是怎样往上爬的"这两个问题，是落实"体会文章准确生动的表达，感受作者连续细致的观察"这个单元中阅读要素的一种较好的方法。又如在统编版教材四年级下册第一单元

《天窗》课后的"默读课文，说说天窗在哪儿，为什么要开天窗"和"在什么情况下，小小的天窗成了孩子们'唯一的慰藉'"这两个问题，因为"《天窗》这篇课文中通过对孩子们透过天窗看到的、想到的景物的描写，表达了作者对童真的赞美，对那给了孩子光明快乐的天窗的赞美"，这也是围绕"走进田园，热爱乡村"这个单元专题落实"抓住关键词句，初步体会课文表达的思想感情"的语文素养的训练。

（三）在习作中落实单元训练点

统编版教材四年级上册第三单元的习作训练是写观察日记。要求围绕观察对象进行连续观察，用观察日记记录自己的收获。因为三年级下学期的时候已经学了"观察事物的变化，把实验过程写清楚"这个习作训练，所以这次单元的习作是三年级习作的进一步提升。由于学生经过本单元精读课文、课后"资料袋"等学习，已经初步掌握了连续观察的方法，所以老师在指导学习写观察日记时应注意：首先要引导学生选择好观察对象，学习如何做好观察记录的方法；其次让学生通过自身的实践进行观察，而且是连续观察，并要求他们每天都要记录观察的情况，关注对象的变化，及时做好观察记录；最后让学生根据单元习作要求整理观察记录或观察日记，形成最终的观察日记，让他们感受自己通过参与观察而小有获得时的满足与喜悦，分享他们观察的乐趣。所谓"处处留心皆学问"，教学时也要注意引导学生学习作者观察与表达的方法，养成留心观察周围事物的习惯和能力。然后在以往日记练习的基础上，抓住"进行连续观察，学写观察日记"这个读写训练点，进行知识迁移的运用，培养学生进行连续观察，写观察日记的能力，最终达到落实"学写观察日记"这一单元读写训练点的目的。

（四）在语文园地教学中落实单元训练点

在统编版教材四年级上册第三单元"交流平台"的教学中，我们也要抓住单元课文与语文要素之间的联系，引导学生交流、总结连续观察的好处，并结合《爬山虎的脚》《蟋蟀的住宅》课文中的相关语段进行交流，目的是让学生明白：细致观察才能看到事物的细节，持续观察才能发现细微的变化，运用多感官留心观察才能察觉易被忽略之处。从而明确"只有细致、连续、调动多感官观察，才能有所发现，写得更准确、更形象"，很好地落实了本单元的训练点。又如，在教学统编版教材四年级下册第二单元语文园地"交流平台"时，抓住"阅读时能提出不懂的问题，并试着解决"这个单元训练点，在引导学生"遇到不懂的问题"的时候"应该怎样解决"，然后结合"交流平台"教学内容，归纳梳理三种解决问题的方法：一是联系上下文，结合生活经验来解决问题；二是查资料解决；三是请教别人解决。这样，再通过引导学生以本单元学习过的课文为例，如以《琥珀》为例，去解决"为什么从那块琥珀，我们可以推测发生在几万年前的故事的详细情形呢"这个问题，从而落实了本单元"联系上下文"这个知识训练点。

总之，在阅读教学中，我们要紧紧围绕单元主题，抓实单元训练点，落实单元的语文要素训练点进行扎实的读写训练，这样才能更有效地提高阅读教学的实效。

参考文献

［1］课程教材研究所，小学语文课程教材研究开发中心.义务教育课程标准实验教科书小学教师教学用书［M］.北京：人民教育出版社，2004.

［2］刘素英.新课程研究［J］.基础教育，2009（4）.

浅议小学语文古诗词情境教学

肇庆市端州区河苑小学 莫锐梅

中华民族文化源远流长，作为民族文化瑰宝的古诗词蕴含着丰富的文学知识、人文素养、道德教育、审美情趣，是培育学生知识文化素养和内在精神品质的沃土。随着课程改革的不断深入，古诗词教学越发受到重视。《义务教育语文课程标准（2011年版）》中要求小学生背诵古今优秀诗文共160篇（段），而在新投入使用的统编版教材中，古诗文篇目在课文中所占的比重将大幅度增加，仅仅是统编版小学语文12册课本中就共有124篇古诗文，占课文篇目总数的30%。但目前存在着教师对古诗词教学不够重视、古诗词教学方法单一、古诗词课堂单调乏味的情况，从而导致学生无法进行有效的古诗词学习。因此，笔者认为非常有必要对古诗词教学进行系统、深入的研究，用优质有效的古诗词教学手段让学生在古诗词的沃土上健康成长。

情境教学法是指在教学过程中，教师有目的地引入或创设具有一定情绪色彩的、以形象为主体的生动具体的情境，如诗与画结合、诗与音乐结合、活动拓展等情境，用来引起学生的情感态度体验，从而帮助学生理解教材，并且使学生的心理机能得到发展的教学方法。因为情境教学法符合小学生以具体形象思维为主的认知特点、喜欢新奇事物的心理特点、小学语文教材古诗词内容含趣味性与生活性的选编特点以及语文课程"工具性与人文性相统一"的要求，所以，笔者认为将情境教学法融入小学古诗词教学，能激发学生兴趣，加强学生对古诗词内容、情感与意境的理解，有效提高古诗词教学效率。下面笔者将结合教学实践浅谈小学语文古诗词情境教学时需要遵守的原则。

一、生活性原则

小学生因年龄小，生活体验不多，导致知识面窄。而古诗词年代久远，大部分古诗词中描述的内容和蕴含的情感因素脱离了学生的实际生活体验。

新课改中指出课程内容要与当今时代相联系，要重视学习者的非智力因素与生活实际。教育学家陶行知也提出了生活教育理论，其核心为"生活即教育"，认为"生活具有教育的意义，具体教育的作用"及"生活决定了教育，教育不能脱离生活"。因此在教学中，教师应该将学生的课堂学习与生活实践相结合，把生活世界提供给学生体验与理解，换言之，在古诗词教学中，教师要遵循生活性原则。因此笔者认为，教师在古诗词教学设置情境时，要从学生的实际情况出发，把古诗词中的情与境和学生的实际生活接轨，唤醒学生原有的生活、知识经验，从而引导学生体会、把握古诗词中的内容与情感，回避空谈说教。

如在统编版教材一年级上册语文园地五李绅的《悯农》（其二）教学中，笔者因为班上的学生远离农家生活，所以播放农民伯伯耕种的视频去创设极具形象直观性的情境，让学生直观感受农民伯伯辛苦耕种的画面。再引导他们回想夏天烈日下走在街上时酷热难耐的体验，让他们明白"汗滴禾下土"和"粒粒皆辛苦"的意思，真切体会到农民伯伯在烈日下耕作的辛劳与不易。如此，学生就能在不知不觉中把握诗歌的内容和情感，深切地明白了粮食来之不易，不能浪费粮食的道理。

二、趣味性原则

孔子云："知之者不如好之者，好之者不如乐之者。"乐学是保证学生学习效果的基础。小学生活泼好动，喜欢新奇的、富有趣味性的事物。小学教材中古诗词编排特点的其中之一就是趣味性。情境创设的主体是学生，如果创设的情境不能让学生主动、积极地参与，那就起不到作用。因此古诗词教学的情境创设不仅要贴近学生的实际生活体验，还需要具备趣味性，富有趣味性的情境能诱发学生主动、积极地学习。

小学教材选用的很多古诗词都有浓烈的故事性色彩，如《小儿垂钓》《赠汪伦》《七步诗》等，著名儿童教育家、情境教育创始人李吉林老师也指出：

"角色的出现，使教学内容与学生更为贴近，让他们以特定的角色学习课文，或朗读复述，或报告见闻，或演示操作，或绘画表演，或主持裁决，都促使学生带着情感色彩去学习。"再加上小学生表演欲望强，因此笔者在教学中经常通过让学生组织、表演课本剧的方式去创设活动性的情境。而且，古诗词课本剧让学生在人物扮演中体验诗人所见所闻所感，这样会使学生更加深入地了解并进入角色，从而体验到古诗想要表达的情感，对古诗的学习和掌握起到了很大的促进作用。

增进古诗的趣味性教学还可以体现在其诵读的形式上，笔者在古诗词教学中试过在传统的诵读方法基础上加以创新，激发了学生学习的兴趣，取得了很好的教学效果，如唱读古诗法。很多古诗词不但语言美，而且具有节奏美，教学时可以通过古诗吟唱的方式带领学生进入古色古香的课堂氛围中。同时，现在也有很多古诗词被谱成了儿童歌曲，如《登鹳雀楼》《古朗月行》《望庐山瀑布》等，对于低年段学生而言，用唱的方式学习古诗词能调动他们的感官，让古诗词的学习过程更有趣味性。

二重诵读法。可以把学生按照男女分成两大组，男生读一句，女生接一句。男生的声音高昂，女生的声音婉约，两两相和，颇有"大珠小珠落玉盘"之感，学生感觉颇为新奇。

击掌、跺脚诵读法。诵读古诗时采用说唱的表演形式，配以有节奏感的击掌、跺脚诵读法，使课堂气氛活跃欢快，让学生在趣味中学习。

三、情感性原则

古诗词言简意赅，而在大部分古诗词中，诗人表达情感较为含蓄，因此感悟诗人的情感对于小学生而言是一大难点。而教师可以通过创设出符合古诗词情感色彩且有感染性的情境，以音乐、富有情感的语言或具有直观性的画面为媒介，用古诗词文字使学生充分感受到作者强烈的情绪，再让学生根据生活实际联想并想象出作者作诗时的情境，从而引领学生迅速进入诗境，让学生与诗人产生情感共鸣，最终体会诗人的情感。

音乐具有神奇的力量，能把人瞬间带入特定的氛围之中。借着与古诗词主题内容、情感相匹配的音乐创设情境，是帮助学生理解所学古诗词的意境与情感的有效手段。如《己亥杂诗》《闻官军收河南河北》《示儿》等爱国诗的教学可以借助《精忠报国》《我的中国心》之类激荡的歌曲，让学生体会诗人浓烈的爱国之情；如《江畔独步寻花》可借助《春野》这首节奏明快的音乐，明快的音乐让学生产生共鸣，迅速进入情境，"这首诗都描写了哪些景物""诗人看到这样的景色心情怎么样"等问题的解决对于学生便是轻而易举的事情，如此也能增强学生学习古诗词的自信心。

此外，我国的古诗词浩如烟海，古诗词可以按照不同划分标准进行分门别类，如古诗按内容来分可以分为送别诗、边塞诗、山水田园诗、怀古诗（咏史诗）、咏物诗、悼亡诗、行旅诗和闺怨诗。那么在教学中我们便可以引导学生根据诗歌题材的分类进行情感体会：如怀古诗多数表达感慨个人遭遇或抨击社会现实；山水田园诗多数表达对秀丽山河的赞美之情或对自由舒适生活的向往之情；咏物诗思想上往往是托物言志，从而写出诗人的精神品格；等等。帮助学生进行诗人情感的体会。当然，同题材的不同诗人写出的古诗也会有细微的情感差别，这也需要引导学生结合背景、意象等内容进行细细品味。

四、启发性原则

孔子云："不愤不启，不悱不发。"新课程改革中所提倡的自主、合作、探究学习方式也在强调学生学习的主动性。因此在教学工作中，教师树立启发式教学理念，要善于启发学生，给予学生独立思考的空间和时间，不能以"满堂灌""一言堂"的教法直接给出现成的答案。在学习古诗词的过程中，教师创设情境的目的在于诱发学生独立思考，让学生主动、积极地参与到学习过程中，在学生思考、探索过程中教师要发挥一个引导者的作用，一步步引导学生结合原有的知识体验去找到问题的答案。

如笔者在王维的《鸟鸣涧》教学时，在引导学生理解诗意的环节中，采用了多媒体图片创设情境的方法，这种方法能把古诗词描绘的场景及内容具体化、形象化，更能引起学生兴趣，也利于学生接受。笔者请同学们结合老师的句式，发挥自己的想象去理解诗句的意思："读着_____，我仿佛看到（听到）了_____。"设计理念是为了先让学生发挥想象力去理解诗意。这个环节的教学过程，笔者坚持启发性原则，以引导为先，使学生在学习过程中调动自己的知识积累，发挥想象力去理解诗的内容与意境，再根据学生的回答展示相关图片，辅以适当讲解，让学生在图文对照中进行自我评价，从而发展了学生的直觉思维、形象思维，培育了学生的思维能力。

五、有效性原则

形式是为内容服务的，形式是辅助学生理解内容的途径。这就要求教师在古诗词教学中，创设的情境必须与古诗词的内容、意境相关，符合学生认知特点，要以实现教学目标为目的，在教学中起到画龙点睛和锦上添花的效果。

《史记·孔子世家》记载，"三百五篇，孔子皆弦歌之"。吟诵教学是古诗词教学的有效手段，使古诗词读起来朗朗上口，听起来和谐入耳，更能让学生品味诗味与培养语感。在实际教学中，要求低年级学生吟好节奏、读准诗句的抑扬顿挫不难，但是让他们学会用古调吟诵诗句却是一件耗时费力又降低学习热情的事情，不符合这一学段学生的认知特点与心理发展特点，这样创设的情境收效甚微。如笔者在一年级古诗《春晓》的教学中曾经尝试引导学生用古调吟诵，笔者指导学生"春眠不觉晓"的"晓"字是韵字，按照吟诵的习惯就应该拖长，拖长到整句的一半那么长，也就是说，前面四个字加起来多长，后面这个"晓"字就应该多长，这样才能读出温柔婉转的感觉。可是笔者教了学生很多次吟诵，学生都一知半解，也吟不出吟诵的感觉，一节课下来，学生学得辛苦，老师也教得辛苦，这样的教学是无效的。后来，笔者尝试用儿童歌曲的方式教学生唱读《春晓》，学生读得朗朗上口，学得兴趣盎然。可见，对于低年段学生而言，用唱儿童歌曲的方式学习古诗词不仅能调动他们的感官，符合他们的认知特点，而且能帮助他们用一种轻松愉悦的方式去背诵和记忆古诗词，增强他们学习古诗词的兴趣与信心，使古诗词教学更有效率。

在后期教学中，笔者尝试把古调吟诵诗句这个情境应用在中高年级的古诗词教学中，学生因为具备了一定的学习能力，能听懂并且掌握了教师如"一二声平，三四声仄。平声读长，仄声读短"等吟诵知识，在教师示范吟诵以后，也能进行模仿。当学生绽开笑颜尽情吟唱时，字词的声调宛如一个个跳动的音符，平仄和谐搭配，轻声吟唱，奏起了古诗长短不一、跌宕起伏的华彩乐章。教师就在这样轻松的氛围中与孩子们一起学习吟诵，感受作者当时的思绪和情感，使古调吟诵诗句这个情境在古诗词教学中发挥了最大的价值。

总而言之，教师在小学古诗词教学中融入情境教学时，要注意遵循以上提到的五个相辅相成的原则，如此才能精心创设情境，用优质的古诗词教学策略，促使学生有效地学习古诗词、积累古诗词。

参考文献

[1] 韩例芬.浅谈小学语文古诗教学情境创设的策略［J］.基础教育研究，2012（5）.

[2] 黄莉.情境教学法在小学语文古诗教学中的应用［J］.语文教学与研究，2015（90）.

[3] 李吉林.情境课程的操作与案例［M］.北京：教育科学出版社，2008.

[4] 冯卫东.情境教学操作全手册［M］.南京：江苏教育出版社，2010.

重视课外阅读，提升乡村小学生
语文素养的几点体会

德庆县孔子学校（小学部）　吴美华

学知识出人才，而知识来源于海量的课外阅读。老话常说读书可以改变一个人的命运，不清楚这句话是否科学，但相信多阅读书籍是教育成本最廉价、获益最丰硕的投资。温儒敏教授曾说："语文教学的效果好不好，不能只看课内和考试，很大程度上要看课外，看是否培养了学生阅读的兴趣和习惯。"所以，笔者每天都要求学生阅读课外书籍，不仅是读，而且是多读，疯狂地阅读。同学们每天都能把身心浸润在课外阅读里，收获满满。因此，笔者结合日常做法，从重视课外阅读的四个"有利于"畅谈自己的几点体会。

一、重视课外阅读，有利于活跃小学生的性格

随着新课改的不断深化，学生的主体地位日渐显著。可是学校总有那么一小部分学生保持沉默，处于无动于衷的状态，久而久之，他们就失去了很多交流沟通和提升语言艺术的机会，个性无法得到延伸发展，身心的健康成长也会受到严重阻碍。细细观察之下，造成这部分学生沉默的原因主要有：自身有自卑心理，胆小害怕，不愿与人搭话；父母离异，成为无人关心的留守儿童；家庭贫困，成为建档立卡的一类，这些学生内心羞涩，不愿走进大众空间互动，自我封闭起来。为了改变这部分学生"沉默是金"的性格，笔者要学生浸润在课外阅读里，让他们在书籍里为自己的知识充电，用知识去理顺自己的思维，用思维去组织好语言，以便更好地与人沟通，活跃自我，发展自我。

　　笔者班里的冯同学是个不爱说话、性格内向的女生，无论老师提问还是同学想跟她聊天，总是撬不开她的"金口"，笔者想阅读能打开她紧闭已久的"大门"。在一节阅读课后，笔者推荐《神笔马良》《公主的月亮》两本绘本给同学们看，没想到冯同学跑到笔者身边轻轻地说："老师，这本《公主的月亮》能不能借给我看？""当然可以。"笔者高兴地对她说。隔天，笔者提前来到班上，听到冯同学大胆地跟同桌分享《公主的月亮》的内容："一个公主病倒了，国王看在眼里痛在心里，要帮女儿得到最想要的东西。公主最想要的是月亮……"冯同学把这个故事有条不紊地说起来，越说越上瘾，还不时发出笑声。另一个沉默的同学听后也跑过去看个究竟，然后你一句我一句地热谈书本里的内容，围观的同学越来越多，有些同学马上拿出自己的阅读书一起看，声音洪亮，心情亢奋，讨论个没完。看着平时"波澜不惊"的几位同学敞开心扉，打开了有口难开的困局，笔者倍感愉悦。课外阅读就像一个具有地心引力的魔术表演，能把人深深地吸引住，阅读书籍的"内力"能让人求真知，"外力"便是能活跃性格的桥梁。课外阅读就是一把神奇的钥匙，它能为内向的孩子打开一扇沟通之门，改变沉默的性格。

二、重视课外阅读，有利于乡村小学生开阔视野

　　所谓"博观而约取，厚积而薄发"。重视课外阅读，有利于乡村小学生开阔视野去获知和陶冶情操。学生要有海量阅读的支撑，才能使自己的聪明天赋更上一层楼，才能让自己的智慧更有营养。鉴于这一指引，笔者更要打破因乡村校园图书资源有限，家庭经济无法让学生拥有课外书而导致阅读能力降低，知识面无法得到更好的拓展，让学生小眼睛看大世界，让学生有计划地在充裕的时间里读有所得地进行阅读。

　　陈同学品学兼优，在她身上总能找到很多的闪光点：从内到外总散发出才艺出众的气质、知书达理的内涵。怎么看都是我们心中最亮眼的那道光。在一次分享会上笔者让她分享所得，她的一席话让笔者记忆犹新："老师说阅读很重要，阅读能让我们学到书本上没有的知识，看到世界上不一样的多彩风景和画面……因此，我每天在家抽半小时出来阅读，哪怕是看报纸；在课间的10分钟，我会翻阅书架上仅有的几本书，哪怕已经滚瓜烂熟；周末，我会跑到超市的图书角或书店看各种类型的书；现在，我也迷上了'听书'。我除了学习他

人的文笔文采，还学习他人朗卖的语调情感，这样有利于我更好地释放'读'的韵味，阅读让我一点一点地进步，'她'就像一位母亲循循善诱地教会我人生道理，带给我许多天文地理的知识，阅读成为我生活中不能缺少的一部分，我热爱阅读。"自从分享会结束后，全校很多同学都以她为学习榜样，笔者发现很多同学在书包里放了一本课外书，课间少了跑动声，多了翻书阅读的声音。是啊，学生能运用身边一切阅读资源来充实自己，一旦爱上阅读，就有种欲罢不能的感觉。语文教学的规律是"得法于课内，得益于课外"，学生大量阅读，能删减无知，开阔视野，思想会变得理智、深邃，终会成为一个与众不同的自己。

三、重视课外阅读，有利于提高小学生写作能力

古人云："读书破万卷，下笔如有神。"在推行素质教育的今天，阅读教学显得尤为重要，它不仅可以帮助学生开阔眼界，还有利于学生积累素材，提高写作能力。作文是成绩的拉分王，也是孩子一生必备的生存技能。三年级是写作初始年级，对于刚接触写作的学生来说既陌生又困难，要提高学生的写作能力仅仅着眼于课内知识是纸上谈兵、微不足道的，必须要靠日常放眼看世界，多观察周边事物，多用心体会生活，更重要的还要多读课外书来存储写作素材。

一开始，笔者先让每位同学每天抽出半小时读课外书，要做到"真知"读。摘抄书中好词佳句并恰如其分地运用于写作中；探讨书本内容，了解其写作思路；共享阅读资源，扩大阅读量；分享读书心得；记录生活中的所见所闻。经过一个学期的系统阅读磨炼，同学们在阅读中领悟到了写作技巧，大部分同学在写作时有呼之即出、信手拈来的感觉。连班上作文不动笔的两位学生也懂得用上老师教的方法：边读边思考，边读边圈点勾画记录自己阅读的见解，做批注写出自己的感受，现在总能写出符合要求、内容有条理的文章。

为了进一步激发学生的阅读兴趣和提高同学们的写作能力，第二学期，笔者把课外书籍推进课堂，以讲故事的形式进行故事续编和改写故事。以讲《苹果树上的外婆》的故事为例，笔者让同学们大胆想象：如果安迪有了外婆，他们之间会发生什么故事呢？同学们大多数都想到外婆在生活中如何照顾自己，带着自己在田野上快乐地农作，骑着单车搭着自己上圩镇购物。而笔者在他们的文章中做了一些提点：外婆奇怪的打扮、怪异的行为举止或有神奇的能力带

自己去一些不一样的地方探索、游玩，比如入深山，去海上探险，到北极与企鹅快乐地玩耍，去草原骑马奔驰……同学们将笔者的提点与自己编写的故事进行对比，再修改、点评、分享，在不断的完善中，学生们编写出来的故事大多引经据典，内容充实，而且有深度。过后，笔者继续给同学们推荐经典书籍：《皮皮鲁传》《宝葫芦的秘密》《风到哪里去了》……让学生思维插上翅膀翱翔，跳出现实，从阅读中训练想象力、写作能力和鉴赏能力。坚持每天记录自己的所言所行、所见所闻、所思所感，从简单逐步提高，养成"不动笔墨不读书"的好习惯。阅读课外书籍越多，写作能力就越强。阅读能提高小学生写作能力不是空谈。

四、重视课外阅读，有利于促进家庭天伦之乐

随着语文课程标准对课外阅读的重视，教师重视引导学生进行课外阅读更上一个台阶。但现时还有乡村的很多家长存在思想陈旧观念，认为上好学，完成作业就行了，有没有课外书籍看无所谓。为了提高家长的认识，使他们重视孩子的课外阅读，在2019年第二学期开学的第一周召开的家长会上，笔者就给家长讲述了小学生课外阅读的重要性，并要求学生一学期至少有10本课外读物，阅读时要有家长的监督与陪读。后来的家访和电访了解到很多家长都重视起来了。笔者布置的寒假作业任务：亲子共读一本书，家长和学生写下读书感悟。通过家长群收来的资料，笔者聆听到各学生、家长的阅读之声，都感叹"受益匪浅"，特别是陆同学的描述："我爸爸平时工作又忙又累，他每次吃完饭，玩手机刷屏当放松，没怎么关心我学习，我觉得爸爸有点冷漠，我很不开心。自从上了三年级，老师总要求家长陪同学生读书，打那以后，爸爸没有做'低头族'了，他放下了手机，总会坐在我身旁静静地陪着我学习。我总喜欢拿着课外书读给爸爸听，跟他讲书中的故事，也给他讲其他书籍的故事，甚至一家人按照故事的内容扮演角色。我们一起说，一起感受书中的乐趣，家里时常充满欢笑声，我喜欢阅读。"亲子阅读是情感沟通的桥梁，也是文化知识传递的媒介。充满爱意的陪伴，是孩子幸福温暖的避风港，也是他通往成功之路的垫脚石。我们都要重视孩子的课外阅读，让他们在"书香伴成长、亲子促发展"的教育环境下，提高综合素养，健康快乐地成长。

重视课外阅读对提高学生的人文素养有着至关重要的作用，它对小学生各

方面的发展有着极其重要的作用。小学是学生阅读能力长足发展的黄金时期，让孩子从小进行大量的有益阅读，从书籍中涉猎百科常识，智慧才能不断成长。正如高尔基说的："书籍是人类进步的阶梯。"因此，教师必须高度重视引导学生课外阅读，让阅读的种子在学生的心田扎根成长，提升小学生语文素养，使学生受益终身。

参考文献

［1］温儒敏.温儒敏论语文教育三集［M］.北京：北京大学出版社，2016.

［2］中华人民共和国教育部.义务教育语文课程标准（2011年版）［S］.北京：北京师范大学出版社，2012.

信息技术与小学语文学科深度
融合的实践研究

封开县罗董镇中心小学　黎洁容

当今已进入信息时代，以计算机和网络为主的信息技术不断改变着人们的工作、生活和学习方式。本文以相关理论研究为依据，结合教育实践，从信息技术与小学语文学科课程整合的必要性、存在的问题和建议三个方面展开论述。

一、信息技术与小学语文学科课程整合的必要性

（一）课程整合是信息时代的要求

当今已进入信息时代，以计算机和网络为主的信息技术不断改变着人们的工作、生活和学习方式。在这个时代里，每个人不可能仅仅靠接受系统的学校教育就能获取一生工作和生活所需的知识。每个人要生存、立足社会就要具备终身学习能力，不断获取工作和生活所需的知识。这样，信息技术作为每个人的学习工具，就如同平常使用的铅笔、橡皮一样。信息技术将是每个公民必备的基本素养。教育部在《基础教育课程改革纲要（试行）》中提出："大力推进信息技术在教学过程中的普遍应用，促进信息技术与学科课程的整合，逐步实现教学内容的呈现方式、学生的学习方式、教师的教学方式和师生互动方式的变革。"

（二）课程整合是小学语文课程改革的要求

小学语文传统的"灌输式"教学方式，不利于调动学生主动学习的积极性。《义务教育语文课程标准（2011年版）》也指出："积极倡导自主、合

作、探究的学习方式""积极开发、合理利用课程资源，灵活运用多种教学策略和现代教育技术，努力探索网络环境下新的教学方式"。可见，小学语文学科课程改革是必然的，而与信息技术课程的整合则是必然的方向。只有实现信息技术与小学语文学科课程的有效整合，才能提高小学语文学科教学水平，提升小学语文学科教育质量。

二、信息技术与小学语文学科课程整合实践中存在的问题

（一）教师主导性和学生主体地位的丧失

在信息技术与小学语文学科整合过程中，既要体现学生的主体性，也不能放弃教师的主导地位。部分教师使用多媒体平台播放课件只是替换了黑板而已，仍然是以教师的讲授为主的"填鸭式"教学模式。这样的整合只是"换汤不换药"，仍然摆脱不了传统教学的套路。还有的教师走上了另一个极端，例如，《蝙蝠与雷达》这一课，一位教师的教学设计是这样的，在学校的电脑实验室（含多媒体教学平台）让学生自主通过网络了解蝙蝠的生物学属性及其与雷达的关系，让学生自主通过网络认识仿生学的概念和其他利用仿生学的科学发明。整个教学过程中，教师基本就是一个旁观者，缺乏对学生学习的必要引导。这等同于放弃了教师的主导地位。因此这节语文课更像一节科普教育课或自然常识课，一丁点语文味都嗅不到。

语文课程标准指出："阅读教学是学生、教师、教科书编者、文本之间对话的过程。"可见课堂教学中，在重视信息技术与学生、教师之间的互动后，师生之间的直接互动应该得到加强，而不是削弱。

（二）忽视学生思维能力的培养

很多教师只重视发挥信息技术在教学情境创设和学生兴趣激发上的作用，却忽视了教学中一些重要的因素，如学生思维能力的培养。例如，《桂林山水》这一课，一位教师在她的公开课上运用演示文稿制作的课件，使用了大量的图片介绍桂林的山水，几乎把课文中描写桂林的水和山两段话的每一个句子都用相应的一两幅图片来展示，似乎只有这样，才能让学生理解课文对桂林山水的描写是多么形象生动。其实这篇课文的教学重点应该放在语言文字运用上：作者用了哪些修辞手法描写桂林的山和水，并且应该让学生进行较多的仿写练习。可惜的是，那位教师大量展示图片后只是让学生简单地辨认课文的修

辞手法而已，可谓本末倒置。小学语文的教学实践表明：学生对课文的真正领悟需要对课文的多次品读，有一个质疑探究的学习过程。在这个过程中，需要教师的点拨引导，发展学生的思维和能力。

（三）忽视传统教学手段的应用

小学语文学科应重视学生对文字的理解、感悟和积累，这就要求教师在教学中要通过听、说、读、写等方法让学生对语言文字进行背诵、记忆、理解、掌握并加以运用。资源性课件的大量使用容易忽略分析思考的过程。过多的感官刺激将会不利于学生想象能力的养成。传统教学手段有不少还有其存在的必要性。

例如，诵读对于学习语文来说就是一个传统而行之有效的教学手段。就如上文谈到的那位教师教《桂林山水》的课例，与其通过大量图片与文字结合让学生感受桂林的山水之美，不如引导学生通过抓住关键的抒情语句有感情地多次朗读课文，从而感悟桂林山水的魅力。又如，《军神》这一课，一位教师的课件首先利用超链接功能访问相关网站，图文并茂详细地介绍刘伯承元帅的生平和精神，然后运用多媒体课件图文示范朗读课文，最后让学生集体朗读一次课文并让学生找出描写刘伯承和沃克医生的神态、语言、动作的语句，分析两人的性格特点。笔者认为，这位老师在教学过程中过于重视资源性课件的使用，却忽视了传统教学手段的使用。其实这篇课文情节简单，主要通过人物的语言描写来塑造人物形象。我们大可不必舍本逐末，只需要运用小学语文常用的教学手段——分角色朗读课文，就能轻松突破重难点，把握人物性格特点。

三、信息技术与小学语文学科课程整合的建议

小学语文是一门工具性和人文性并存的学科。因此，信息技术与语文教学的整合应确保小学语文教学完成本学科的教学任务，信息技术只是教学手段。在教学实践中，笔者建议采用以下几种整合形式。

（一）化抽象为具体，突破重难点

在学科整合过程中，把一些学生不容易理解的文字变换成具体直观的图片或视频，有助于学生把握这些课文背后的内涵。例如，《月球之谜》这一课，课文谈到"运载火箭""玄武岩"以及火山活动，这些离学生的实际生活较远，在教学中可以借助信息技术把难以用简单的语言解释的事物直观地展现

出来。

化抽象为具体，教师要运用得恰到好处，不能使用过多过滥的图片、视频资料，否则，反而扼杀了学生应有的想象空间，如在古诗词教学时，应该让学生通过多次诵读和想象去理解诗歌描摹的意境，教师不宜过多地展示自以为合乎诗意的图片。

（二）师生交流合作，凸显学习主体

教师根据实际情况适时利用网络相关软件的教学平台组织教学，能充分调动学生积极性主动进行学习。通过网络资源共享，不同层次的学生可以选取教师提供的不同内容学习，教师可以利用教学平台随意和某个学生或全体学生进行交流。如上文《桂林山水》的课例，教学重点应该放在语言文字运用的练习上，让学生运用本文学得的修辞手法等进行仿写句子的练习。这个仿写句子的练习的评议就可以在网络环境下实施，教师可从中挑选优秀的仿写句子或带有普遍性错误的仿写句子发送到学生的学习平板上，让全体学生一起赏析和修改。以这种方式进行评议和修改，能充分调动学生的积极性，从而收到平常教育无法达到的效果。

（三）活用网络资源，激发学习兴趣，开阔学生视野

子曰："知之者不如好之者，好之者不如乐之者。"兴趣是学生最好的老师。上网是学生喜爱的事物，虽然相当多的学生只把网络看作娱乐的工具，但是语文教师如能把网络活用为教学的工具，就可以因势利导，让学生体会到网络学习的乐趣。

在平时的课文教学中，我们常常会在课本内容的基础上增加一些课本外的知识来帮助学生理解，如作者介绍、课文写作背景、某些相关联的知识等。其实，教师完全可以放手让学生在网络上收集学习相关的内容。如笔者在进行民风民俗专题教学时，就结合我校地处农村获取信息渠道较少的特点，要求学生以分学习实践小组的形式利用学校图书室，但主要通过网络去收集相关信息，进行综合性学习活动；要求学生通过网络广泛阅读，调查我国少数民族和各地区的风俗习惯，特别是本地区的地方风俗；要求学生收集描摹民风民俗相关的成语、民谣、诗歌等。然后，让他们把网络上收集到的资料整理成册并拿到课堂上与同学们一起分享。同学们的学习兴趣都很高，都积极地参与其中，活动收到满意的教学效果。

（四）协同合作，培养学生多种能力

小学语文学科中的综合性学习课程没有现成的教案，需要老师创造性地开展教学，创设语文学习的环境。语文教师应该努力争取其他学科教师的协作。一次成功的综合性学习活动需要多部门教学人员的协调配合，如图书管理员、信息技术教师、语文教师等的相互协调来促进学生学习。例如，笔者在综合性学习《遨游汉字王国》的教学时，从制定教学目标到活动计划及活动实施等整个流程都倾注了大量的心血，争取其他教师的支持配合，共同指导学生通过信息技术进行信息的查找、筛选、整理后制作幻灯片展示学习成果。在这个过程中，学生的语文素养和信息技术能力等都得到提高。

总之，信息技术为小学语文学科课程提供了强有力的学习工具和方法。科学地利用信息技术进行语文教学，能全面提高学生语文素养。

参考文献

［1］中华人民共和国教育部.基础教育课程改革纲要（试行）［EB/OL］. http://www.moe.edu.cn/publicfiles/business/htmlfiles/moe/moe_309/200412/4672. html（教育部门户网站）.2015-01-17.

［2］中华人民共和国教育部.义务教育语文课程标准（2011年版）［S］.北京：北京师范大学出版社，2011.

提高小学语文早读效率五法

肇庆市德庆县莫村镇古有中心小学　谢德勇

　　早读是语文、英语等语言学科学习的一个重要阵地，是课堂必不可少的延伸与补充。早读在小学语文教学过稏中发挥着极其重要的作用，可以培养学生良好的语文学习习惯，培养学生的语文语感，积累语文知识，提高学生的读背诵能力。然而从日常观察来看，我们的语文早读情况却不尽如人意，许多时候只流于形式，很多学生在课堂上滥竽充数，开口而不出声，有的甚至闲谈，做小动作，这样的早读效率肯定是不高的。针对肇庆市德庆县莫村镇古有中心小学早读课存在的问题，结合实践，笔者认为从以下五个方面入手可以有效地提高语文早读课的效率。

一、创设良好氛围

　　"人创造环境，同样环境也创造人。"良好的环境氛围对提高早读的效果有很大帮助。我们要注重教室文化环境创设，张贴一些有关勤奋读书的标语，如"读书破万卷，下笔如有神""读书百遍，其义自见"；制作有关读书的板报、海报；等等。保持教室的清洁卫生，营造优雅、宁静的读书环境。在这样的环境里，学生才会舒心、轻松地去读书。有了良好的环境氛围，还需要塑造学生良好的内在氛围，也就是培养学生早读兴趣和自觉读书的内驱力。我们要经常跟学生讲读书的好处，特别是大声朗读的好处。讲一些历代名人勤奋读书的例子、积累有关读书好处的名言警句等来激发学生的早读兴趣和内在动力。

二、明确早读目标

　　学习目标是学生学习的努力方向，明确的学习目标能促进学生奋发进取，进而产生为实现这个目标努力奋斗的力量。所以，教师必须要在学生读之前先确立此节早读课要读什么，背什么，完成多少任务，不然，学生就没有压力，读几遍课文就草草了事，早读的实际效用就不大。因此，每天的语文早读课笔者都让科代表提前板书早读内容与任务，提醒学生早读须完成的目标。当然，目标要适当，不能定得过高，要让大多数学生体验到那种完成任务、达到目标后的成就感，增强学生读书的信心。

三、变换早读形式

以往的早读形式较为单一，多是以齐读或自由朗读两种形式进行。笔者曾在班上做了一份关于学生对现行早读课看法的问卷调查，选"喜欢"的占全班人数的33.3%，选"不太喜欢"的占41.7%，选"极不喜欢"的占15%，选"无所谓"的占10%。这些数据显示了学生对这种单调的早读形式感到厌倦、乏味了。其实教师可以根据学生的情况、课文内容及体裁的不同，从组织形式或阅读层级等方面适当改变早读的形式，融入领读、小组读、比赛读、分角色读、配乐朗诵等形式。实践证明，风格各异的早读课，给学生以不同的体验和感受，能极大地调动学生读书的积极性，也必然能提高早读的效果。

四、丰富早读内容

语文学科涉及的范围非常广，可供朗读的东西丰富多样，而且早读课不同于阅读教学，它是课堂知识巩固和延伸的重要环节，我们可利用一定的时间安排其他早读内容，而不仅仅局限于语文课本上的内容。例如，当前学校正在落实教育部颁布的《完善中华优秀传统文化教育指导纲要》的要求，笔者就将传统文化经典教材充实到早读的内容中去，以丰富学生早读的内容，润泽学生未来的人生。《义务教育语文课程标准（2011年版）》推荐的1—6年级75篇优秀诗词背诵篇目也进入了笔者的语文早读课堂。学生的美文佳作也在早读课上以朗读的形式得以展示。学生读的东西多了，而且经常轮换，就会有新鲜感，早读的效果自然就会提高。

五、加强朗读训练

朗读是一项口头语言的艺术，需要掌握一些朗读的技巧和方法。所以笔者结合课标要求及每学期课本编排的培养训练目标，利用早读课教给学生正确的读书方法，让他们掌握一些必要的朗读方法和技巧。比如，提出基本要求：语音规范，语气自然，语言流畅，做到"七不"（即不读错字、不添字、不丢字、不颠倒、不重复、不中断、不拖腔），语义明晰，态势得体等。为达到基本要求在朗读技巧上做相应的指导，如朗读中停连、重音、节奏、语调、语速的指导。学生掌握了朗读的方法与技巧，早读课上更容易披文入情，整体感悟，促进学生更深刻、更透彻地理解课文。

语文课程标准明确指出："各个年级的阅读教学都要重视朗读。""要让学生充分地读，在读中整体感知，在读中有所感悟，在读中培养语感，在读中受到情感的熏陶。"朗读既是学生感悟理解文本的有效手段，也是学生语文学习能力的重要体现。因此小学语文教师应重新认识早读的重要性，培养学生良好的语文早读习惯，千方百计地提高早读课堂的效率，让琅琅书声奏响清晨第一声号角，让早读为语文教学增添色彩。

参考文献

［1］任晓琴.早读在小学语文教学中的作用［J］.学周刊，2014（14）：162.

［2］中华人民共和国教育部.义务教育语文课程标准（2011年版）［S］.北京：北京师范大学出版社，2012.

灵活运用教材　提高学生能力

——以统编版教材小学语文五年级上册为例的教学策略

肇庆市端城小学　陈　彬

从2019年9月开始，全国小学一到六年级统一使用统编版语文教材，旨在使教育服务于建构中国特色社会主义核心价值体系。小学五、六年级的教师与学生要面对由人教版语文到统编版语文教材的过渡，教师必须面对"如何做到无痕衔接"这一现实问题——重复且已学过的课文如何处理，未学过的知识点如何补学？怎样做到教有取舍，学有增量？综合教材培训，阅读专家学者、优秀教师的文章理论，向已经接触一至三年级统编版语文教材的拥有丰富经验的教师学习及自身实践，笔者将对五年级语文统编版教材与人教版教材内容进行比较，浅谈以统编版教材小学语文五年级上册为例的教学策略。

一、五年级语文统编版教材与人教版教材内容比较

在五年级的教材中，我们可以发现有以下改变：

在课文篇目上，原来的很多经典篇目依然存在，但是在编排上做了很大的调整和变化——在课文内容上运用"人文主题"和"语文要素"双线组织结构，由浅入深、由易到难的螺旋式上升。同时增加了文言文篇目的数量，如《少年中国说（节选）》《古人谈读书》等。

在阅读板块上，采用了"精读""略读""课外阅读"的阅读体系，保留了具有经典性、文质兼美、适宜教学和具有时代性的课文，对一部分与时代脱节的文章进行删减，造成了课文数量的减少，但又从"快乐读书吧"等课外阅读方面进行了弥补。课后习题设定，贴合课文内容，题型丰富多样且安排有序，有常规针对课文内容的问题，也有拓展能力的实践操作，如《落

花生》的小练笔、《少年中国说（节选）》的手抄报、《圆明园的毁灭》的资料收集。

在语文园地板块上，统编版教材保留了"交流平台"部分。在语文基础知识方面的内容对比人教版教材的园地课后习题发现，人教版多偏向于学生"记忆性"和"理解性"作业，"我的发现""日积月累"等板块主要帮助学生积累方法、词语和句子，相关练习需要教师补充；而统编版教材改变为"词句段运用""日积月累""书写提示"等内容，在"词句段运用"部分着重学生基础知识的掌握，如对原来"积累词语"这一概念深化为灵活运用，如第一单元的用词语的意思写一段话、第四单元的区别褒义词和贬义词后用其中一个词语写一段话等。同时，它的练习巩固部分在书本中有所体现，如第四单元顿号的学习。"日积月累"部分仍旧负责帮助学生积累词语、句子和诗文，增添了"书写提示"部分，兼顾到学生书写方面。园地内容设计总体呈现出强调基础知识与应用的学习，对学生能力有了更高的要求，在记忆的同时要求理解，最后学以致用。

从口语交际板块上来看，对比人教版教材，统编版教材在口语交际排版方面更加贴合学生生活实际（如五年级上册第一单元的《班级公约》）与单元学习内容（如五年级上册《讲民间故事》《父母之爱》等），使每一次口语交际的课堂上，学生有话可说，同时还增加了"小贴士"，以此来提高学生的口语意识，帮助学生养成口语习惯，做到学有所获。

从习作板块上来看，指导性更强。在每一单元的习作要求，人教版教材着重拓宽学生习作选材，引导学生寻找写作的入手处，而统编版教材则增加了对习作内容构思方面的指导，也增加了习作范例——在五年级上册第三单元缩写民间故事方面增加了例文，让学生与原文对比发现缩写要点；第五单元把人教版课文《鲸》变成了习作例文，还补充了一篇习作例文《风向袋的制作》。在五年级上册中还出现了习作提纲的范本，简单易懂，指导性和模仿性强，易于教师开展习作提纲的指导，为学生日后写作（尤其高年级）打好基础。

另外，在本册书中的《搭石》《乞巧》《太阳》《鸟的天堂》都是以往学过的篇目，而一到四年级统编版语文教材也有一部分生字与课文是五年级学生没有学习的，教师要做到教有取舍、学有增量，尽力做到无痕衔接。

二、以统编版教材小学语文五年级上册为例的教学策略

（一）立足教材，明确目标

"人文主题"和"语文要素"双线组织结构是统编版语文教材排版的一大亮点。以往人教版在课文上更着重于"人文主题"，能力要求更多地需要教师的引导与补充，而在统编版语文教材中，用一句或是诗句或是中心突出的话语概括单元篇目的特征，简单明了，符合处于信息大时代的学生的阅读习惯，让其快速抓住单元核心，如第一单元的"一花一鸟总关情"、第八单元的"书山有路勤为径"等。

同时，在单元扉页有了"语文要素"的学习要求，明确了单元学习重点，指导教师与学生围绕其展开学习。例如，在第三单元民间故事中，除了了解我国优秀的民间故事以外，对学生能力有了更明确的要求：学会创造性地复述故事和提取主要内容缩写故事。

因此，在教师组织课堂的时候，应该遵循教材要求，改变以往单纯"学课文内容、学课文知识点"的教学模式，把单元文章串联起来，循序渐进，围绕单元"语文要素"要求展开教学，让学生在领略课文内容、情感的同时着重提高语文素养。

例如，民间故事《猎人海力布》的课后练习二、《牛郎织女（一）》课后练习二的"演一演"环节，就是利用学生喜欢的方式锻炼学生的创造力，而《猎人海力布》的小练笔和《牛郎织女（二）》的连环画创作则锻炼了学生提取主要内容的能力。

又如，第四单元爱国主题则是用诗歌、文言文、说明文、记叙文等文体展现了我国生活在不同时代的作者深切的爱国感情。当学生按照本单元能力要求查阅了资料后，自然而然就能感受到作者那份不张扬却蕴含在字里行间的爱国之情，从而让学生综合提升。

这些内容都是环环相扣的，用不同的形式使学生达到本单元的能力训练要求，所以教师必须了解教材要求，把这些环节设计入课堂之内。

（二）教有取舍，学有增量

本册书中的《搭石》《乞巧》《太阳》《鸟的天堂》都是以往学过的篇目。由于教材是一个整体，所以教师不能不教已学过的篇目，但也不能按照新

课文去教学，而是侧重该单元学习方法的指导，并为补充缺漏知识争取时间。一到四年级统编版语文教材也有一部分生字与课文是五年级学生没有学习的，生字方面则应该随文补充字词，而课文方面则与现有课文建立联系，以拓展阅读、阅读训练或课外补充阅读等形式进行补全。

（三）朗读学习，以读带学

在此举例课文《白鹭》《少年中国说（节选）》。《白鹭》一课充满了诗意，但个别句子蕴含的意思较深，五年级的学生学习时会存在困难，如"那是清澄的形象化……""但是白鹭本身不就是一首很优美的歌吗？——不，歌未免太铿锵了""……韵在骨子里的散文诗"等句子。单纯依靠教师的解释很空洞，而让学生通过朗读感受课文，抓住作者精准到位且优美的用词，利用排比等具有节奏感的句子，体会作者笔下白鹭的优美与闲恬。由此，教师在教学过程中要充分给予学生朗读时间，对文章进行充分的自主思考，体会文章如诗般的美感。在读后，每个学生对文章都会有不同的理解，这时可以让学生大胆发言并加以引导，双管齐下，使学生更好地理解课文内容，从而达到最佳的教学效果。

《少年中国说（节选）》中的第二段，语言精练，内容丰富，但以普通文言文的教学方式会使课堂枯燥乏味。原段四字为一句，且部分句子是对偶，读起来铿锵有力，充满节奏感。学生在读的过程中，慢慢感受这些文字散发出来的蓬勃朝气，教师加以引导，使学生明白梁启超先生笔下这些事物与他心中的"少年中国"一样充满希望，从而明白"象征"这一修辞手法。

（四）注重传承，滋养心灵

《义务教育语文课程标准（2011年版）》指出："语文课程对继承和弘扬中华民族优秀文化传统和革命传统，增强民族文化认同感，增强民族凝聚力，具有不可替代的优势。"统编版教材则从多个方面、多种方式选入中华民族优秀文化素材。在选文方面，统编版教材增加了古诗词和文言文的篇目，如《少年中国说（节选）》《古人谈读书》等；在教材编排方面，选取南宋背景的《示儿》《题临安邸》，清末背景的《己亥杂诗》，鸦片战争背景的《少年中国说（节选）》《圆明园的毁灭》，边防背景的《小岛》等与国家关键时间节点相关的爱国文章组成单元；在汉字特点方面，园地加入了"书写提示"……这就需要教师在教育教学过程中充分立足于教材，同时要不断提高自身文化及专业素养，意识到语文课程是传承中华民族优秀传统文化的重要途径，用优秀的传统文化滋养孩子的心灵，让中华民族的优秀传统文化代代相传。

（五）应用实践，以导促学

统编版语文教材的工具性逐渐增强，不仅要求学生单纯从思想上理解，而且注重应用于实际，使学生能够学以致用。首先，教学目标更加明晰，在教学过程中，教师要紧密结合教学目标，创造有利于学生表达的、贴近学生实际生活的教学情境，进行有针对性的导学案。其次，学习方法的指导更加明确，如第一单元如何"借物抒情"的方法、第二单元提升阅读速度与质量的方法、第三单元长篇文章创造性地复述与概括的方法、第四单元利用收集信息帮助理解文本的方法、第五单元说明文写作的方法、第六单元体会感情与表达自我看法的方法、第七单元描写景物变化的方法、第八单元突出文章重点的方法等。最后，在课内习题部分与园地习题中加入应用型练习，更好地诠释应用实践，通过习题来串联知识点与能力要求，做到查漏补缺。

参考文献

［1］中华人民共和国教育部.义务教育语文课程标准（2011年版）［S］.北京：北京师范大学出版社，2011.

［2］温儒敏."统编本"语文教材的编写理念、特色与使用建议［J］.课程·教材·教法，2016（11）：3-11.

［3］李响.小学语文统编教材与人教版教材内容比较及教学启示［J］.开封教育学院学报，2019（39）：244-245.

［4］刘艳兰."统编本"与人教版小学语文实验教科书比较研究［D］.武汉：华中师范大学，2018.